マンガ版

自閉症 日常生活おたすけじてん

すぐわかる

こんなとき どーする？

特別支援学校教諭
成沢真介【著】

合同出版

この本の使い方

家庭で

この本は自閉症・発達障害の子どもが家庭・学校・社会生活で身につけるとよいソーシャルスキルをマンガで説明しました。

●本人が一人で読んでも、家の人といっしょに読んでもいいでしょう。

子どもがよく直面する50の場面を取り上げています。最初から読んでもいいし、気になるところから読んでもいいでしょう。楽しみながら気軽に読みましょう。

●くり返し読みましょう。

毎日一つずつ読んでいくと2カ月弱かかります。読んだかどうかカレンダーでチェックするのもいいでしょう。

●三日坊主でもよしとしましょう。

三日坊主でも10回読めば30回読んだことになります。

●できているところをほめましょう。

できていないところを指摘するとこの本がいやになりますから注意してください。できているところを見つけてほめましょう。できているページにを入れてもいいでしょう。

●コピーしてはりましょう。

できていなくてやってみようと思うページを拡大コピーして、よく見えるところにはっておきましょう。できたら、つぎにやってみるページのコピーにはりかえましょう。

●親子でいっしょに実践しましょう。

大人の行動を子どもはよく見ています。大人がよい見本を示すことで説得力が増します。

学校で

この本は、自閉症・発達障害の子どもにソーシャルスキルを身につけてもらうことを目的にしています。障害があってもなくても、どんな子どもにも役立つのでいろんな場面で活用してください。

●がんばり表でほめましょう。

これからがんばる項目を記入してはります。がんばれたら、がんばり表にシールをはってほめましょう。

●朝の会や帰りの会で利用しましょう。

朝の会で今日のがんばる項目を毎日一つずつ読みましょう。帰りの会でできたところを発表しましょう。

●学級文庫に常備しましょう。

休み時間など、いつでもこの本を読めるようにしておきましょう。

●マンガを見て作文を書いてみましょう。

自分の気になる項目や場面について、これはよいと思ったところを見つけて、どこがよいと思うのかなど作文を書いてみましょう。

●学校でトラブルがおこったときは……

どう考えればよかったのか確認し、その項目のページを拡大コピーしてはりましょう。

●学期ごとに評価しましょう。

がんばるところにチェックを入れた項目がどれだけ身についたか、がんばり表を見ながらふりかえりましょう。

○△さんのがんばり表

がんばるこうもく	チェック	がんばるこうもく	チェック
03		23	
07	☆	33	
10	☆	34	☆
15		40	☆
18		41	

●もくじ

学校生活編

はじめまして

①
こんにちは！
ヨッ！
②
今日もまた、怒られた…
③
人とかかわるのが
むずかしい…
シラ～
シラ～
④
なに、なに？
はい、
どうぞ
この本

こんなとき ど〜する？

01

家庭生活編

片《かた》づけが苦手《にがて》なんだけど…

部屋《へや》がきたない、片《かた》づけなさいって言《い》われる。机《つくえ》の上《うえ》もグチャグチャ。なにをどうすればいいのかわからない。片《かた》づけるってむずかしい！

片づけられない！

①
ぐじゃー
②
片づけなさい！！
ハイ
③
どうすればいいんだろう？
④
だれかおしえて〜！！

そうか！

01

こう考《かんが》えてみよう！

片《かた》づけは「これでよい」というゴールがわかりにくい作業《さぎょう》です。こんな状態《じょうたい》になればよい、というゴールを書《か》き出《だ》してみます。たとえば、①捨《す》てるものをわけて袋《ふくろ》に入《い》れる。②学校《がっこう》で使《つか》う本《ほん》は机《つくえ》の上《うえ》に並《なら》べる。③学校《がっこう》で使《つか》わない本《ほん》は本《ほん》だなに置《お》く。④ゲームやおもちゃ類《るい》は箱《はこ》に入《い》れる。⑤服《ふく》はハンガーにかける、などです。書《か》き出《だ》したあと、だいじなのは、①から順番《じゅんばん》にやってみることです。家《うち》の人《ひと》に聞《き》いていっしょにすることもできます。

片づける方法

できてる

① ゴールを決める

①捨てるものは袋に入れる
②学校の本は机の上に並べる
③それ以外の本は本だなへ
④ゲームとおもちゃは箱にしまう
⑤服はハンガーにかける

書いてみる

② やってみる

③ 家の人に聞いてもよい

これ、どうしよう
あっち！

すご〜い！！
どう？
パチパチ

こんなとき ど〜する?

02 テレビのこと言《い》われて腹《はら》が立《た》つ!

テレビ見たっていいじゃん!

①
ゲラゲラ ゲラ
ポテチ
②
テレビばっかり見ないの!!
ポテチ
③
自分だって……
ゲラゲラ ゲラ
ポテチ
④
腹立つ〜ゥ!!

「テレビばっかり見《み》ないの!!」って言《い》われる。
自分《じぶん》だって見《み》てるくせに! 腹《はら》が立《た》つ!

できてる

テレビを見る時間

そうか！

02 こう考《かんが》えてみよう！

見《み》たいテレビ番組《ばんぐみ》は人《ひと》それぞれです。どうしても見《み》たい番組《ばんぐみ》もあれば、テレビがついていると見《み》てしまう番組《ばんぐみ》もあります。かぎられた時間《じかん》のなかでねたり、食《た》べたり、お風呂《ふろ》に入《はい》ったり、宿題《しゅくだい》やゲームなどをすることになります。そのなかの一《ひと》つにテレビもあります。どうしても見《み》たい番組《ばんぐみ》にしぼって見《み》るようにすることで、ほかにしなければならないことに時間《じかん》を使《つか》うことができます。

食事のマナーなんか知らない！

①
マナー守って！
くちゃ
くちゃ
くちゃ
②
また、これか…
マナー
③
へっぷしゅ!!
マナー!!
④
マナーってなに!?

こんなとき
ど〜する？

03

食事《しょくじ》のマナーってなに？

食事《しょくじ》をしているとき、「マナーを守《まも》れ」って言《い》われるけど、そんなことわからない！

どうしたらいい？

そうか！

03 こう考《かんが》えてみよう！

食事《しょくじ》をするとき守《まも》らなければならないことがあります。それを「食事《しょくじ》のマナー」と言《い》います。食事《しょくじ》のマナーにはいくつかあります。たとえば、いただきます、ごちそうさまを言《い》う。クチャクチャと音《おと》を立《た》てないで食《た》べる。人《ひと》が食《た》べているのをジッと見《み》ない。鼻《はな》をほじらない。くしゃみは手《て》で口《くち》をおさえる。出《だ》されたものは「まずい」と言《い》わない。お皿《さら》をなめない。びんぼうゆすりをしない、などです。マナーを守《まも》ることで、いっしょに食事《しょくじ》をする人《ひと》も気持《きも》ちよく食事《しょくじ》ができます。

できてる

食事のマナーとは
①
口をとじて食べる
くしゃみが出るとき手でふさぐ
へっぷしゅ！
足はじっとしておく
②
鼻はほじらない
お皿をなめない
「まずい」「またこれか」と言わない
③
人が食べているのをジロジロ見ない
ん？
④
マナーを守ると気持ちよく食事ができます！

こんなとき ど〜する？

04

おやつって食《た》べないほうがいいの？

「おやつばかり食《た》べるから太《ふと》るのよ」って言《い》われる。おやつは食《た》べないほうがいいの？

おやつはいいの？　悪いの？

①
またおやつ食べて！！
②
だから太るのよ！！
③
おやつの食べすぎじゃね？
④
食べたいのに〜！！

そうか！

04

こう考《かんが》えてみよう！

おやつを食べる量

できてる

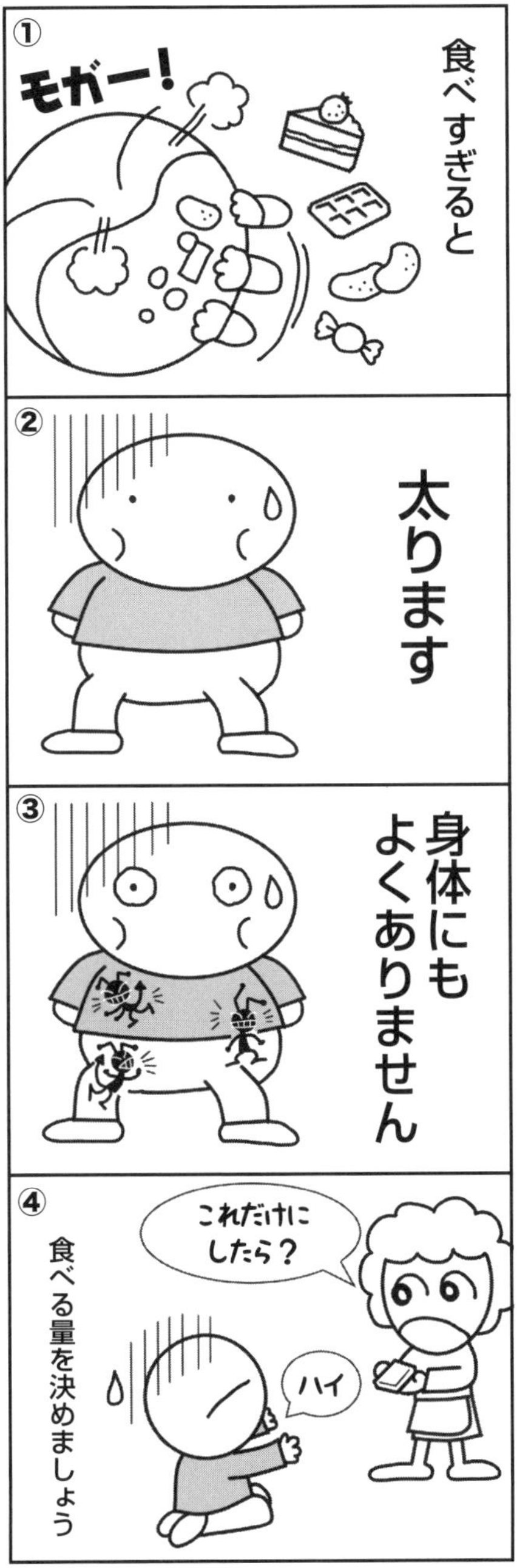
①
食べすぎると
モガー！
②
太ります
③
身体にもよくありません
④
これだけにしたら？
ハイ
食べる量を決めましょう

朝《あさ》、昼《ひる》、晩《ばん》の食事《しょくじ》とちがい、おやつは食《た》べなければいけないものではありません。でもおいしいので食《た》べてしまいがちです。食《た》べすぎは身体《からだ》によくありません。太《ふと》っている人《ひと》は食《た》べすぎかもしれないので、おやつを食《た》べないか、食《た》べる量《りょう》をへらしてみます。おやつをやめることができなければ、1日《にち》に食《た》べる量《りょう》や種類《しゅるい》を家《うち》の人《ひと》といっしょに決《き》めます。とくに太《ふと》っていなければ決《き》まった適量《てきりょう》のおやつを食《た》べるのは悪《わる》いことではありません。

歯がいたーい！

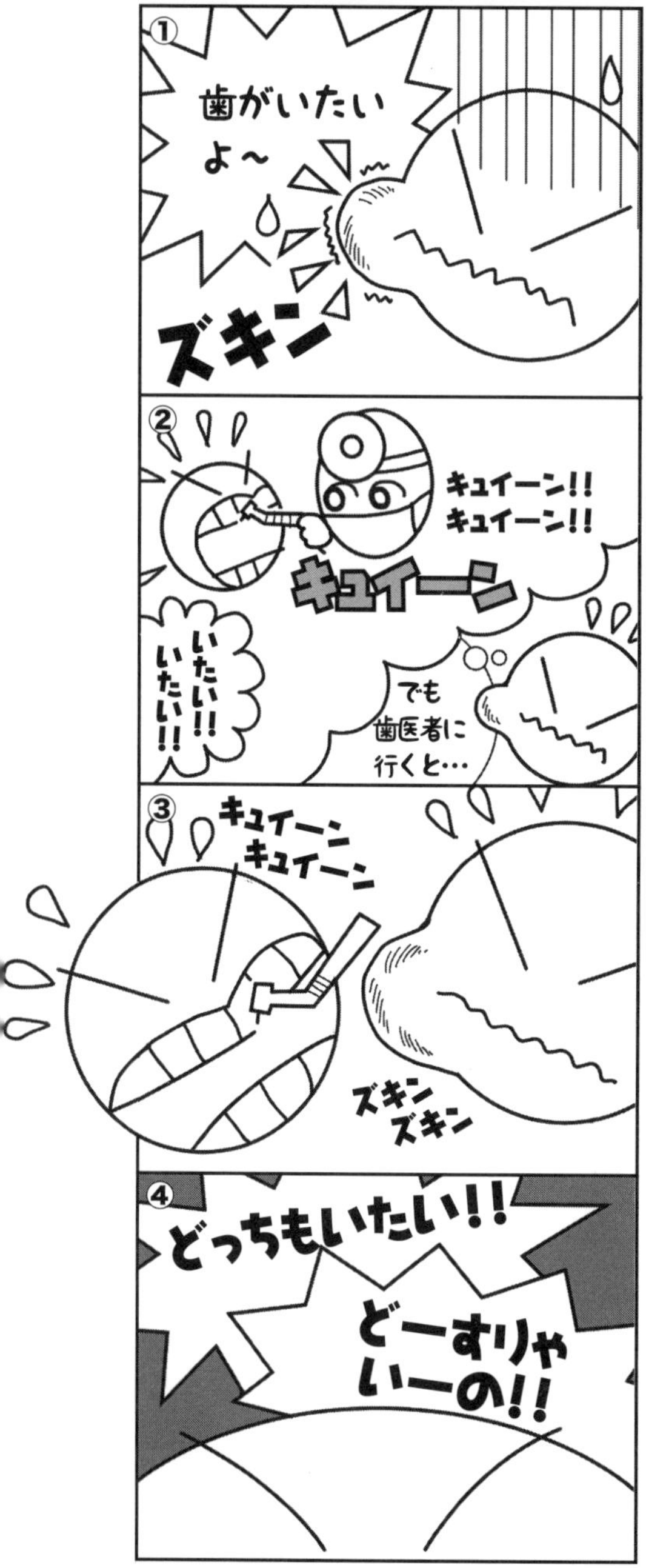
①
歯がいたいよ～
ズキン
②
キュイーン!!
キュイーン!!
キュイーン
いたい!!
いたい!!
でも歯医者に行くと…
③
キュイーン
キュイーン
ズキン
ズキン
④
どっちもいたい!!
どーすりゃいーの!!

こんなとき ど～する？

05

歯《は》がいたいけど、歯医者《はいしゃ》はイヤだ！

歯《は》がいたい！　でも歯医者《はいしゃ》に行《い》くと、もっといたいことをされる！　どうしよう？

05 こう考《かんが》えてみよう！

虫歯《むしば》になると歯《は》がいたくなります。そんなときには歯医者《はいしゃ》に行《い》きます。ほうっておくと、もっといたくなるからです。よくなることはありません。歯医者《はいしゃ》では「なるべくいたくないようにおねがいします」と言《い》えば「わかりました」と言《い》ってくれます。治療中《ちりょうちゅう》にいたいときは、手《て》をあげればわかってくれるのでだいじょうぶです。歯《は》医者《いしゃ》は最小限《さいしょうげん》のいたみで治療《ちりょう》しようとがんばってくれます。毎日《まいにち》の歯《は》みがきをていねいにおこなうと虫歯《むしば》にならず、歯医者《はいしゃ》にも行《い》かなくてすみます。

歯がいたくなったとき

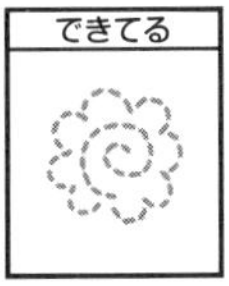

トイレの使い方がわからない

①
ドア、閉めて！！
トイレ
②
汚して！
もう！！
ジャー
③
また
水たらして！！
④
トイレの使い方
気をつけなさい！！

こんなとき
ど〜する？

06

トイレの使《つか》い方《かた》で怒《おこ》られる

トイレの使《つか》い方《かた》に気《き》をつけなさいって言《い》われるけど、なにをどうすればいいのかわからないよ！

そうか！

06 こう考《かんが》えてみよう！

トイレは家《うち》の人《ひと》みんなが使《つか》うので、ほかの人《ひと》が気分《きぶん》よく使《つか》えるためにルールがあります。トイレのドアは閉《し》める、おしっこをするときに便器《べんき》からはみ出《で》ないようにする、はみ出《で》てしまったらトイレットペーパーなどでふきとる、トイレットペーパーがなくなったら、つぎの人《ひと》がこまらないようあたらしいペーパーを入《い》れておく、手《て》を洗《あら》ったあと、水《みず》をたらさないようにする、たらしてしまったらふきとる、などです。つぎの人《ひと》が気分《きぶん》よくトイレを使《つか》えるように気《き》をつけます。

トイレを使うとき

できてる

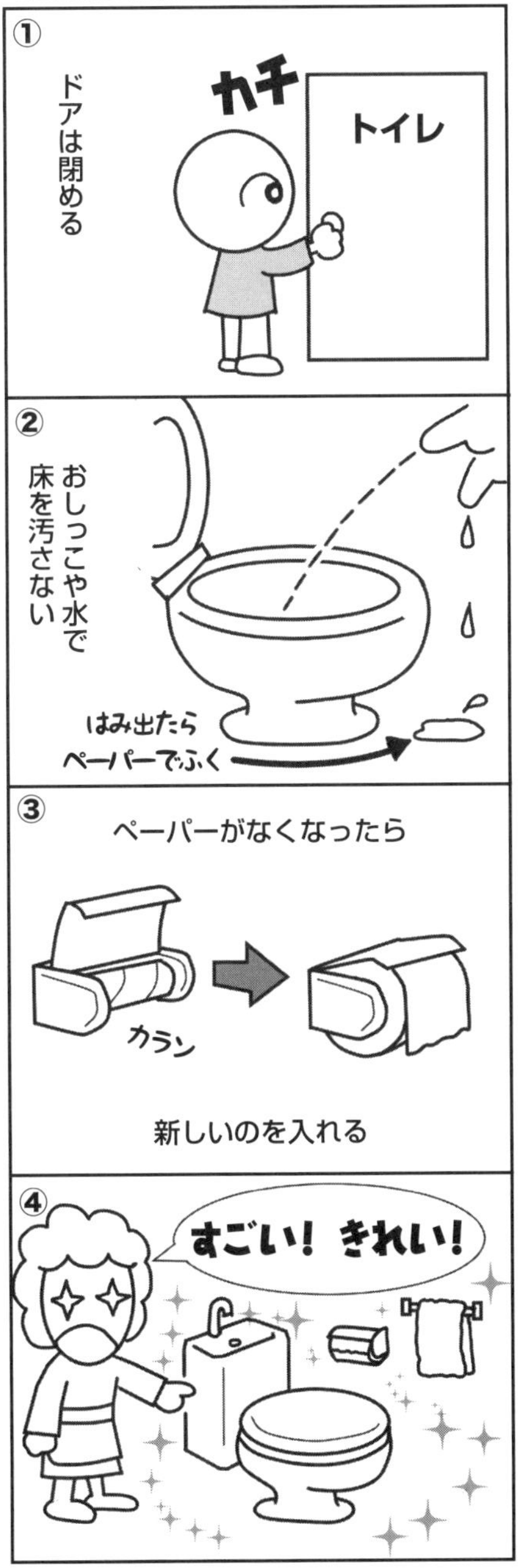
①
ドアは閉める
カチ
トイレ
②
おしっこや水で床を汚さない
はみ出たら
ペーパーでふく
③
ペーパーがなくなったら
カラン
新しいのを入れる
④
すごい！ きれい！

こんなとき ど〜する？

07 お風呂《ふろ》でのマナーってなに？

お風呂にもきまりがあるの？

お風呂《ふろ》の使《つか》い方《かた》ってあるの？
自由《じゆう》に入《はい》ればいいじゃないか！

そうか！

07 こう考《かんが》えてみよう！

お風呂に入るとき

できてる

お風呂《ふろ》は身体《からだ》をきれいにしてくつろげる場所《ばしょ》です。家族《かぞく》のみんなで使《つか》うので、あとに入《はい》る人《ひと》のことを考《かんが》えるようにしてみます。湯《ゆ》ぶねに入《はい》る前《まえ》にきれいに身体《からだ》を洗《あら》う、タオルは湯《ゆ》ぶねにつけない、出《で》るときには石《せっ》けんや洗面器《せんめんき》がちらかっていないかたしかめる、などです。出《で》たあとは、家族《かぞく》に「お風呂《ふろ》があきました」と声《こえ》をかけると「はい」と答《こた》えてくれます。マナーを守《まも》ってお風呂《ふろ》に入《はい》ると家族《かぞく》とのコミュニケーションがうまくいきます。

こんなとき ど～する？

08

着《き》る服《ふく》が わからない！

学校《がっこう》に行《い》かない日《ひ》になにを着《き》ればよいのかわからない。半《はん》そでの服《ふく》や長《なが》そでの服《ふく》、どちらを着《き》るのがよいのかもわからない。みんなこまっていないのかなあ？

どんな服を着ればいい？

服を着るとき

できてる

そうか！

08 こう考《かんが》えてみよう！

特別《とくべつ》なことがないときは、みんな今日《きょう》どの服《ふく》を着《き》るか、ということを自分《じぶん》の気持《きも》ちで決《き》めています。「これにしようかな」と思《おも》った服《ふく》を着《き》ているのです。なにを着《き》てよいかわからないときには、家族《かぞく》に聞《き》いてみます。制服《せいふく》のばあいは10月《がつ》から5月《がつ》までは長《なが》そで、6月《がつ》から9月《がつ》までは半《はん》そでが基本《きほん》ですが、ふだん着《ぎ》は、その日《ひ》が暑《あつ》いか暑《あつ》くないかで判断《はんだん》することができます。6月《がつ》や9月《がつ》でも長《なが》そででかまわないし、5月《がつ》や10月《がつ》でも半《はん》そででかまいません。自分《じぶん》が気持《きも》ちよく過《す》ごすことができる服装《ふくそう》でよいのです。

スマホは自由に使わせて！

①
…………
②
…………
③
…………
④
いいかげんにしなさい!!
ヒョエ～

こんなとき ど～する？

09

スマホを見《み》てると怒《おこ》られる…

スマホを見《み》ているといつも「いいかげんにしなさい」って言《い》われる。姉《ねえ》ちゃんだって見《み》てるのに！　腹《はら》が立《た》つ！　どうすればいい？

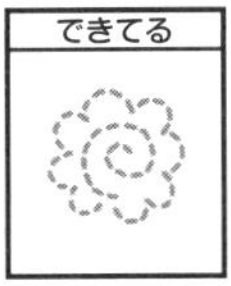

そうか！

09 こう考《かんが》えてみよう！

スマートフォンは、さまざまな使《つか》い方《かた》ができて便利《べんり》です。そこから得《え》られる情報《じょうほう》が役《やく》に立《た》つこともあります。注意《ちゅうい》されるのは、スマートフォンを使用《しよう》する時間《じかん》が長《なが》いからです。必要《ひつよう》なことについて使《つか》ったら、あとは時間《じかん》を決《き》めて使《つか》うようにしてみます。帰宅後《きたくご》1時《じ》間《かん》とか、食後《しょくご》1時間《じかん》とか、自分《じぶん》で守《まも》ることができる時間《じかん》を決《き》めて使《つか》うようにしてみます。自分《じぶん》からスマートフォンの利用時間《りようじかん》を制限《せいげん》できれば、親《おや》は注意《ちゅうい》することはなくなり「すごいね」と言《い》ってくれます。

ゲームでお金がかかる？

こんなとき
ど〜する？

10

ゲームで いつのまにかお金《かね》が かかっていた！

ゲームをやっていたら、どうしても必要《ひつよう》なアイテムが出《で》てきた。それを手《て》に入《い》れて進《すす》みゲームは楽《たの》しく終《お》わった。ところが、スマートフォンの代金《だいきん》が高《たか》くついていたらしくて親《おや》に怒《おこ》られた！　どうすればいい？

そうか！

10 こう考《かんが》えてみよう！

ネット上《じょう》でのゲームには注意《ちゅうい》が必要《ひつよう》です。最初《さいしょ》は無料《むりょう》ですが、途《と》中《ちゅう》からお金《かね》がかかることがあります。画面《がめん》をよく見《み》ていればお金《かね》がかかるかどうかはわかるので、アイテムを手《て》に入《い》れるばあいなど、よくたしかめるようにしてみます。「ここからはお金《かね》がいります」というサインを見《み》落《お》とさないようにします。お金《かね》がかかりそうだ、と思《おも》ったら、すぐに進《すす》まずに親《おや》に相談《そうだん》してみます。失敗《しっぱい》したことから学《まな》び、つぎに失敗《しっぱい》しないようにすると安心《あんしん》してゲームを楽《たの》しめます。

ネットゲームをするとき

できてる

①
ここをクリアするには
このアイテムが必要！
②
アイテムを
手に入れますか？
いいえ
タップ！
③
これでプラスのお金が
かかっています。
「あやしい」と思ったら
親に相談しましょう！
④
お母さーん
どうしよう？
そうね…

こんなとき
ど～する？

11

放課後《ほうかご》の過《す》ごし方《かた》がわからない

学校《がっこう》から帰《かえ》ってもヒマ。ゲームもあきた。みんな放課後《ほうかご》はどうやって過《す》ごしているんだろう？

放課後がヒマ～！

そうか！

11

こう考《かんが》えてみよう！

放課後《ほうかご》は、なにも用事《ようじ》がなければ好《す》きなことをして過《す》ごします。親《おや》にたのまれたことがあればそれをします。なければ、迷惑《めいわく》をかけない範囲《はんい》で好《す》きなことをしてよいのです。好《す》きなことがなければ部《へ》屋《や》でぼーっとしてもよいし、ねてもかまいません。つりや読書《どくしょ》、音《おん》楽《がく》など、新《あたら》しいことにチャレンジするチャンスでもあります。好《す》きなことを順番《じゅんばん》に書《か》いてみてやっていく方法《ほうほう》もあります。

放課後の過ごし方

できてる

① 宿題やたのまれたことをする

② 好きなことを書き出してみる

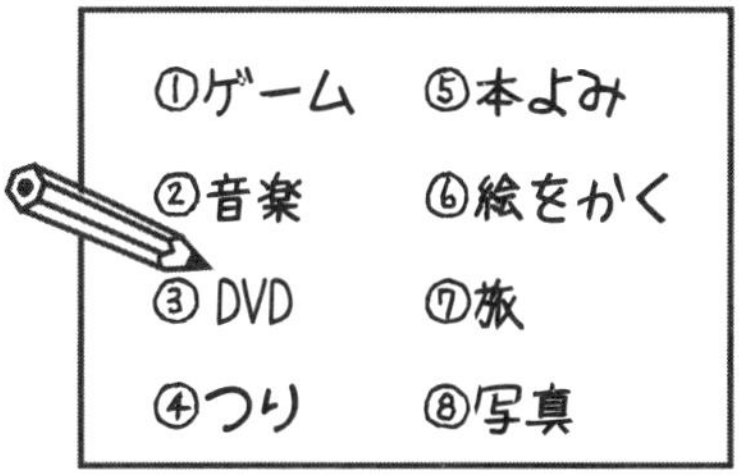

③ 新しいことにチャレンジする

④ 迷惑をかけなければ
なにをしてもいいのです

手伝いってめんどくさい！

こんなとき ど～する？

12

お手伝《てつだ》いはするべきなのだろうか？

「たまにはお手伝《てつだ》いくらいしなさい」って言《い》われる。お手伝《てつだ》いはしなくてはいけないの？

そうか！

12

こう考《かんが》えてみよう！

家族《かぞく》は、おたがいに助《たす》け合《あ》っています。お父《とう》さんやお母《かあ》さんがはたらいてくれているおかげで食《た》べることができ、いろいろなものを買《か》うことができます。子《こ》どもは学校《がっこう》に行《い》くことが仕事《しごと》ですが、家《いえ》でのお手伝《てつだ》いも大切《たいせつ》です。家《いえ》のことをお母《かあ》さんやお父《とう》さんだけでするのはたいへんだからです。新聞《しんぶん》を取《と》りに行《い》く、犬《いぬ》の散歩《さんぽ》、お風呂《ふろ》そうじ、テーブルをふく、食事《しょくじ》を運《はこ》ぶ、食器《しょっき》洗《あら》い、せんたくものをほす、たたむ、そうじきをかけるなど、できることをすると家族《かぞく》のみんなからよろこばれます。

お手伝いのいいところ

できてる

①
お母さん
家族
お父さん
ぼく
仕事・家のこと
学校
仕事
② お母さん一人でするのは大変です
せんたく
そうじ
料理
いっぱいある！
③
ありがとう！ たすかるわ～♡
テーブルふき
せんたくものほし
風呂そうじ
できることをしよう！
④
家族は協力するものです
よろこんでくれた。よかった！

親って腹立つ！

①
なんど言ったらわかるの!!
②
少しは片づけろ!!
③
言うことを聞きなさい!!
④
腹立つ!!

こんなとき ど〜する？

13

親《おや》に怒《おこ》られたとき、どうする？

親《おや》からいつも怒《おこ》られてばかりいる！
腹《はら》が立《た》ってしかたがない！

13 こう考《かんが》えてみよう！

たいていのばあい、親《おや》が怒《おこ》るのは子《こ》どもが悪《わる》いことをしたばあいです。腹《はら》が立《た》つような言《い》い方《かた》をされることもありますが、言《い》い方《かた》ではなく、言《い》っている内容《ないよう》について静《しず》かに考《かんが》えてみます。「そうだな」と思《おも》えることについては、直《なお》してみるようにします。静《しず》かに考《かんが》えても納得《なっとく》できない内容《ないよう》については、学校《がっこう》の先生《せんせい》や聞《き》いてくれる友《とも》だち、きょうだいなどに話《はな》してみるようにします。わからないことをだれかに相談《そうだん》するのは大切《たいせつ》なことです。冷静《れいせい》になる方法《ほうほう》を身《み》につけるのも大切《たいせつ》です。

親に怒られたとき

できてる

① 怒られた内容を考えてみる

② 直せるところは直してみる

③ 納得できないことは先生に相談する

④ 冷静になる方法を見つける

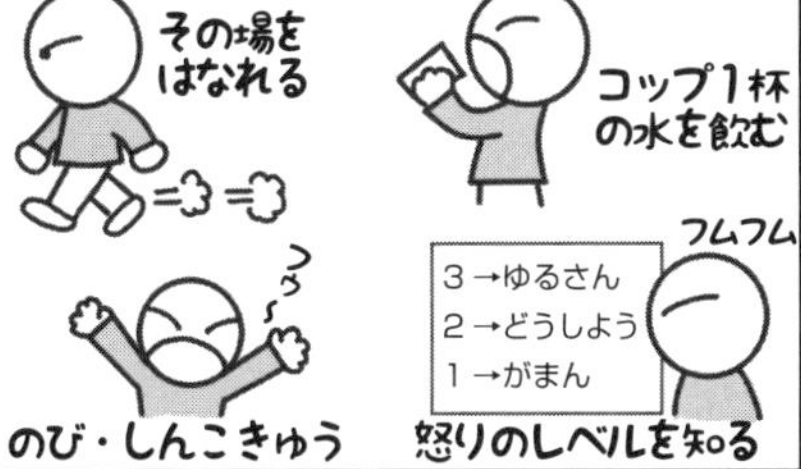

きょうだいって腹立つ！

①
言うことを聞け！！
空気を読め！！
勉強しろ！！
②
あっち行け！！
③
バカ
ブタ！
ハゲ！！
死ね！！
④
ゆるさん！！

こんなとき ど〜する？

14 きょうだいから文句《もんく》ばかり言《い》われる！

兄《にい》ちゃんに文句《もんく》ばかり言《い》われる。「お前《まえ》は空気《くうき》が読《よ》めない」「親《おや》の言《い》うことを聞《き》かない」「まじめに勉強《べんきょう》しろ」などなど。このごろは、弟《おとうと》まで「あっちに行《い》け」と言《い》う。うっとうしいんだ！

そうか！

14

こう考《かんが》えてみよう！

なんでも思《おも》ったことを言《い》ってしまうのがきょうだいです。自分《じぶん》も兄《にい》さんや弟《おとうと》に思《おも》ったことを言《い》っているはずです。おたがいさまなのです。「もうやめよう」と自分《じぶん》から言《い》ってみることで言《い》い合《あ》いをやめることができます。腹《はら》が立《た》っているときに「もうやめよう」と言《い》うのは勇気《ゆうき》のいることですが、言《い》われたほうは「そうだな」と心《こころ》のなかで思《おも》います。「もうやめよう」と言《い》うことができなければ、なにも言《い》わずにその場《ば》からはなれることで「もうやめよう」と同《おな》じメッセージを相手《あいて》に伝《つた》えることができます。

きょうだいとの関係

できてる

① きょうだいだから言いたいことを言うことがある
兄ちゃん
バカか？
うるさい!!
ぼく
あっち行け
弟
② 勇気を出して「もうやめよう」と言う
……
もう やめよう
そうだな…
③ その場からはなれる
……
④ けんかするほど仲がいい

こんなとき
ど～する？

15

カッとしたとき、イライラしたとき、どうする？

家族《かぞく》からイヤなことを言《い》われてカッとなることがある！　この気《き》持《も》ち、どうすればいい？

イライラする！

①
だからお前は
バカなんだ！！
ムッカー!!
兄ちゃん
②
そんなんだと
ろくな大人になれん！！
ムッカー!!
父さん
③
なんど言っても
ダメな子ねー！！
ムッカー!!
母さん
④
もーゆるさん!!
ドーン!!
ひえ～
ひえ～
ひえ～

カッとしたとき、イライラしたとき

できてる

そうか！

15

こう考《かんが》えてみよう！

カッとすることやイライラすることはだれにでもあります。家族《かぞく》だから、相手《あいて》の気《き》になるところをずけずけ言《い》ってしまうことがあるのです。言《い》われたことを直《なお》せるばあいは直《なお》してみます。直《なお》すことができれば、つぎからは言《い》われなくなります。カッとしても手《て》を出《だ》してはいけません。ゲームをする、音楽《おんがく》を聴《き》く、散歩《さんぽ》に出《で》かける、草《くさ》取《と》りをするなど、一人《ひとり》になって落《お》ちつくことをします。ストレス解《かい》消《しょう》のために紙《かみ》をビリビリやぶったり、割《わ》りばしをおったりする方法《ほうほう》もあります。

留守番って不安!

①
夕方には帰るから
留守番おねがい
よろしくね♡
ガーン
②
えっ えっ
えー!!
③
どうしよう?
どうしよう?
④
どーしよう?
だいじょうぶかな?

こんなとき ど〜する?

16

一人《ひとり》で留守番《るすばん》! どうすればいい?

一人《ひとり》で留守番《るすばん》することになった。
どうしよう?
なにに気《き》をつけたらいいんだ?

留守番をするとき

できてる

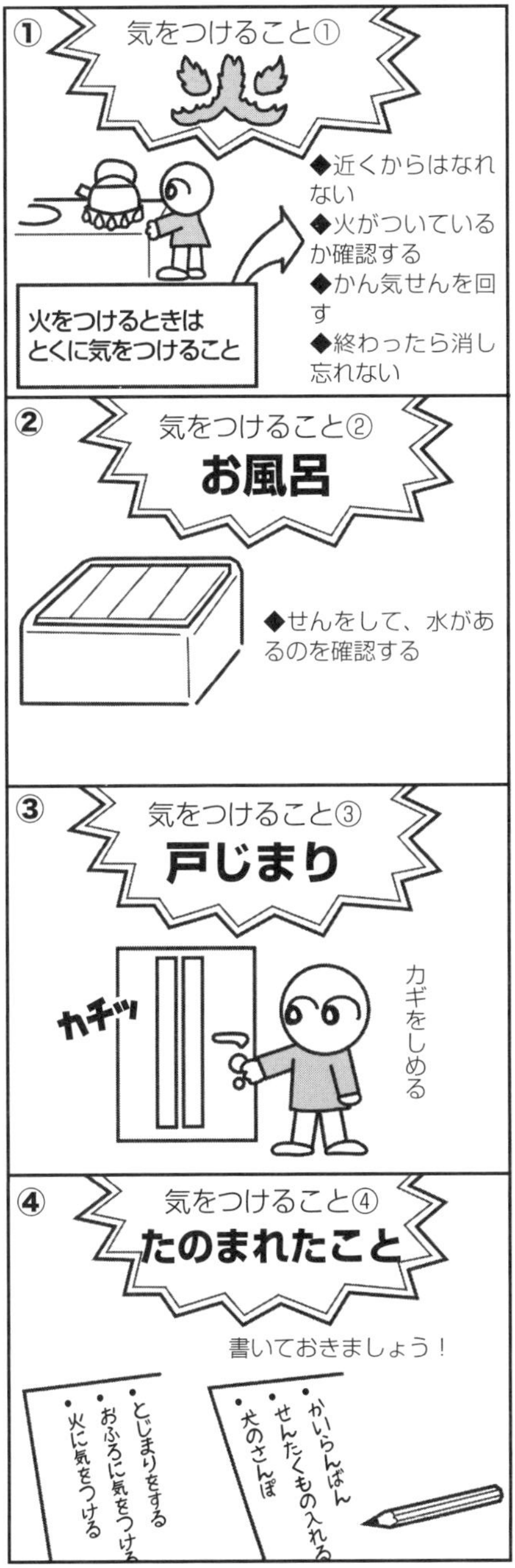

そうか！

16

こう考《かんが》えてみよう！

一人《ひとり》で留守番《るすばん》をたのまれるのは、親《おや》から信頼《しんらい》されているからです。一人《ひとり》で留守番《るすばん》ができれば自信《じしん》がつきます。とくに気《き》をつけることは、コンロで火《ひ》を使《つか》うときには火《ひ》の近《ちか》くからはなれない、かん気《き》せんを回《まわ》す、終《お》わったら火《ひ》を消《け》し忘《わす》れない、ドアのカギをしめる、お風呂《ふろ》の空《から》だき（水《みず》がない状態《じょうたい》でわかすこと）をしないことです。そのほか、雨《あめ》がふってきたらせんたくものを入《い》れる、かいらんばんがきたら受《う》け取《と》る、集金《しゅうきん》がきたら「あとからもう一度《いちど》、来《き》てください」と言《い》います。気《き》をつけることを書《か》いておくと忘《わす》れません。

オーマイガッ！

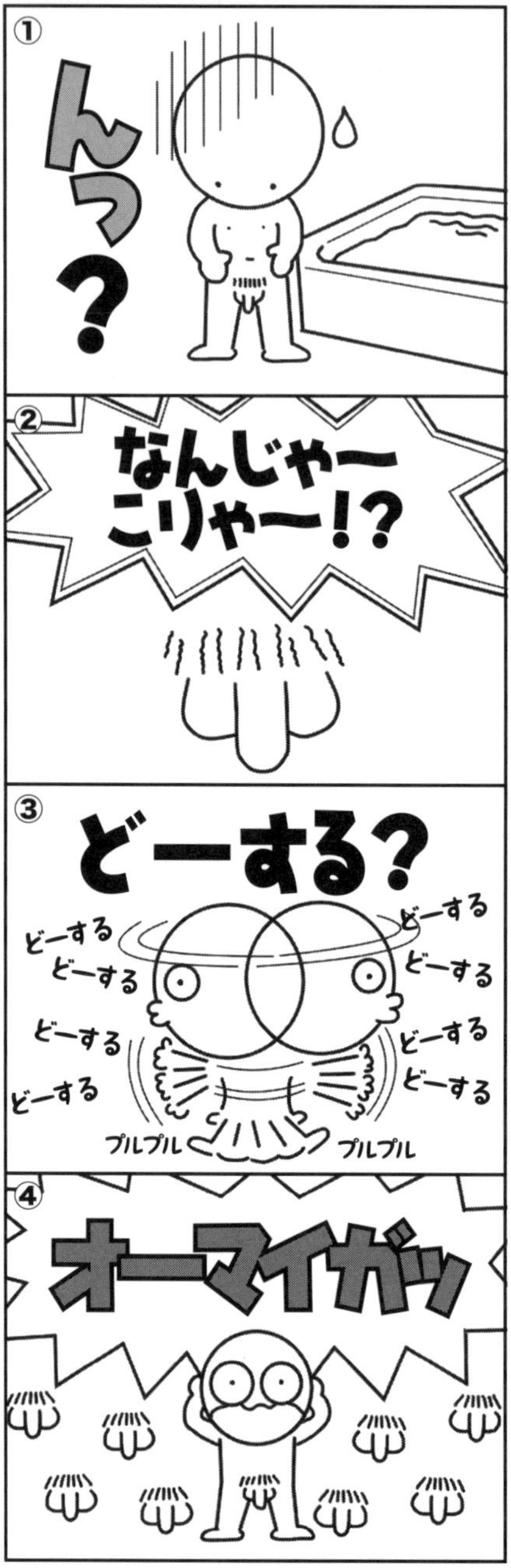

①
んっ？
②
なんじゃーこりゃー!?
③
どーする？
どーする
どーする
どーする
どーする
どーする
どーする
どーする
どーする
プルプル
プルプル
④
オーマイガッ

こんなとき ど〜する？

17

うわ、下半身《かはんしん》に毛《け》が生《は》えてきた！

ふと気《き》がつくと下半身《かはんしん》に毛《け》が生《は》えてきてしまった！ だいじょうぶだろうか？

そうか！

17 こう考《かんが》えてみよう！

大人《おとな》になると身体《からだ》に変化《へんか》があらわれます。性器《せいき》の周辺《しゅうへん》に毛《け》が生《は》える、男性《だんせい》は声《こえ》がわり、精通《せいつう》（おちんちんから精子《せいし》が出《で》ること）、女《じょ》性《せい》は生理《せいり》（性器《せいき》から血《ち》が出《で》ること）がはじまる、などです。最初《さいしょ》はみんなびっくりしますが、大人《おとな》になるためには、みんなが通《とお》る道《みち》なのです。ふつう、身体《からだ》の変化《へんか》があったことを友《とも》だちに言《い》いふらしません。不安《ふあん》なときには親《おや》に相談《そうだん》します。毛《け》が生《は》えてきたのは、はずかしいことではなく、あたりまえのことなので安心《あんしん》していいのです。

できてる

大人になるということ

ねむれない！

こんなとき ど〜する？

18

なかなか ねむれない！

このごろ、ふとんに入《はい》っても、いろいろと気《き》になることや心配《しんぱい》なことがあってねむれない。このままだと身体《からだ》をこわしてしまうんじゃないか？　どうしたらぐっすりねむれるんだ！

そうか！

18

こう考《かんが》えてみよう！

どうしてもねむれないときは、むりにねむろうとしなくてもだいじょうぶです。ふとんに横《よこ》になっているだけで身体《からだ》は休《やす》まります。昼間《ひるま》、適度《てきど》な運動《うんどう》をする、ねる前《まえ》にお風呂《ふろ》に入《はい》る、あたたかい牛乳《ぎゅうにゅう》を少《すこ》し飲《の》むと、ねむりやすくなります。ねる前《まえ》にゲームをしたりテレビを見《み》たりしない、腹《はら》が立《た》つようなこと、気持《きも》ちが高《たか》ぶるようなことを考《かんが》えないほうがよいです。ねむれない日《ひ》がずっと続《つづ》くばあいは、親《おや》や先生《せんせい》に相談《そうだん》します。病院《びょういん》（内科《ないか》、心療内科《しんりょうないか》、精神科《せいしんか》、睡眠《すいみん》外来《がいらい》など）で相談《そうだん》することもできます。

ねむれないとき

できてる

①
ねる前にコーフンしない
②
昼間、運動する
③
あたたかい牛乳を飲む
ねる前のお風呂
④
ふとんで横になっているだけで身体は休まるのでだいじょうぶ

ぼくって変態？

こんなとき ど〜する?

19

エッチな本《ほん》や DVDが 見《み》たい!

なんだかモヤモヤする。女《おんな》の人《ひと》のはだかがのっているエッチな本《ほん》やDVDが見《み》たくてしょうがない！　ぼくって変態《へんたい》なのだろうか？

エッチな本を見たいとき

できてる

そうか！

19

こう考《かんが》えてみよう！

ほとんどの男性《だんせい》は大人《おとな》になると女《おんな》の人《ひと》のはだかに興味《きょうみ》を持《も》ち、エッチな写真《しゃしん》や映像《えいぞう》が見《み》たくなります。ネット上《じょう》でエッチな画像《がぞう》や動画《どうが》がかんたんに見《み》られますが、見《み》すぎないようにして、ネット上《じょう》の女性《じょせい》と現実《げんじつ》の女性《じょせい》はちがうということを知《し》っておきましょう。また、ウイルスや詐欺《さぎ》などのわながしかけられていることがあるので、やたらとクリックしないよう注意《ちゅうい》が必要《ひつよう》です。エッチな写真《しゃしん》や映像《えいぞう》が見《み》たいという感情《かんじょう》は変態《へんたい》ではなく、あたりまえのことです。

20

ネットでお金《かね》を請求《せいきゅう》された！

インターネットでエッチな動画《どうが》を見《み》ていたら、画面《がめん》が消《き》えなくなった。消《け》すためにはお金《かね》をふりこまないといけないらしい。親《おや》にははずかしくて相談《そうだん》できないし、パソコンもこのままだとこまる～！

エッチな画面が消えなくなった！

できてる

そうか！

20

こう考《かんが》えてみよう！

インターネットでお金を請求されたとき

それは、「ワンクリック詐欺《さぎ》」という犯罪《はんざい》です。お金《かね》を請求《せいきゅう》されますがはらう必要《ひつよう》はありません。画面《がめん》をクリックしたことによってパソコンをこわすウイルスが感染《かんせん》することがあります。画面《がめん》が消《き》えないのはウイルスに感染《かんせん》しているからです。画面《がめん》に表示《ひょうじ》されている連絡先《れんらくさき》に電話《でんわ》やメールをしたり、住所《じゅうしょ》を教《おし》えたりしてはいけません。はずかしくても家《うち》の人《ひと》に相談《そうだん》することが解決《かいけつ》への近道《ちかみち》です。消費生《しょうひせい》活《かつ》センター（さまざまなトラブルの相談《そうだん》にのってくれるところ）に電話《でんわ》をすると、画面《がめん》の消《け》し方《かた》を教《おし》えてくれます。

こんなとき ど～する？

学校生活編

21 教室《きょうしつ》に入《はい》るのがこわい！

人《ひと》がたくさんいる教室《きょうしつ》に入《はい》るのがこわい。どうしよう！

たくさんの人がこわい！

そうか！

21 こう考《かんが》えてみよう！

いろいろな人《ひと》がたくさんいる学校《がっこう》はこわいものです。とつぜん話《はな》しかけられるかもしれないし、なにがおこるかわかりません。いつバカにされるかわからないし、笑《わら》われるかもしれません。でも、そのなかには気《き》の合《あ》う人《ひと》もいるかもしれません。先生《せんせい》に「教室《きょうしつ》に入《はい》るのがこわい」ということをうちあけてみます。先生《せんせい》は、「どうしてもこわいときは保健室《ほけんしつ》か教育相談室《きょういくそうだんしつ》で休《やす》んでいいよ」と言《い》うかもしれません。教室以外《きょうしついがい》にもあいている教室《きょうしつ》があれば、そこで休《やす》むこともできます。

教室に入るのがこわいとき

できてる

①
ハハハ
ヨッ！
バーカ
ドキッ
ガーン
ムカッ
②
教室が こわいんだ
ぼくも
気の合う人がいるかもしれない
③
教室が こわいです
そうか…
先生に言ってみることもできる
④
ここで休んでいいよ
ハイ
教育相談室

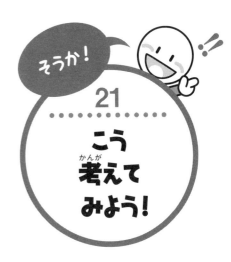

友だち、できるかなあ？

こんなとき ど～する？

22

どうすれば友《とも》だちはできる？

ぼくは人《ひと》づきあいが苦手《にがて》だから、あたらしい環境《かんきょう》で友《とも》だちができるかどうか不安《ふあん》。どうすればいい？

そうか！

22

こう考《かんが》えてみよう！

あたらしい環境《かんきょう》で、すぐに友《とも》だちができる人《ひと》もいれば、ゆっくり時間《じかん》をかけて友《とも》だちができる人《ひと》もいます。友《とも》だちをつくるにはきっかけがあります。なにかをいっしょにすることになった、声《こえ》をかけられた、同《おな》じグループになったなどです。きっかけがあったときには、「こんにちは」「ありがとう」など、自分《じぶん》から声《こえ》をかけてみます。自分《じぶん》からは声《こえ》をかけることができないばあいも、みんなにやさしく接《せっ》していればきっかけはやってきて友《とも》だちはできます。

できてる

こんなとき ど〜する？

23

勉強《べんきょう》が わからない！

授業《じゅぎょう》でわからないことがあるけど、そのときに質問《しつもん》することができない。宿題《しゅくだい》もわからないのでだんだんやる気《き》がなくなってくる。

勉強なんて大きらい！

そうか！

23 こう考《かんが》えてみよう！

勉強《べんきょう》の楽《たの》しさは、わからなかったことがわかるようになることです。わからないことがあるのは、これからわかるようになる可能性《かのうせい》があるということです。わからないときには、その場《ば》で質問《しつもん》しても、あとで質問《しつもん》しに行《い》ってもいいです。友《とも》だちや家族《かぞく》に聞《き》いてもいいし、聞《き》きやすい先生《せんせい》に聞《き》いてもいいです。聞《き》くことは、はずかしいことではありません。先生《せんせい》は教《おし》えることが仕事《しごと》なので、聞《き》いてくれるとうれしいのです。

わからないことがあったとき

できてる

① これからわかるようになる
わかる！！
スラ
スラ
② わかるのは楽しい、そのために
スラ
スラ
スラ
スラ
③ 聞きやすい人に聞く
④ 先生は、聞いてくれるとうれしい！
わかりません
ハイハイ！
うれし〜い♡

なんであててくれないの！

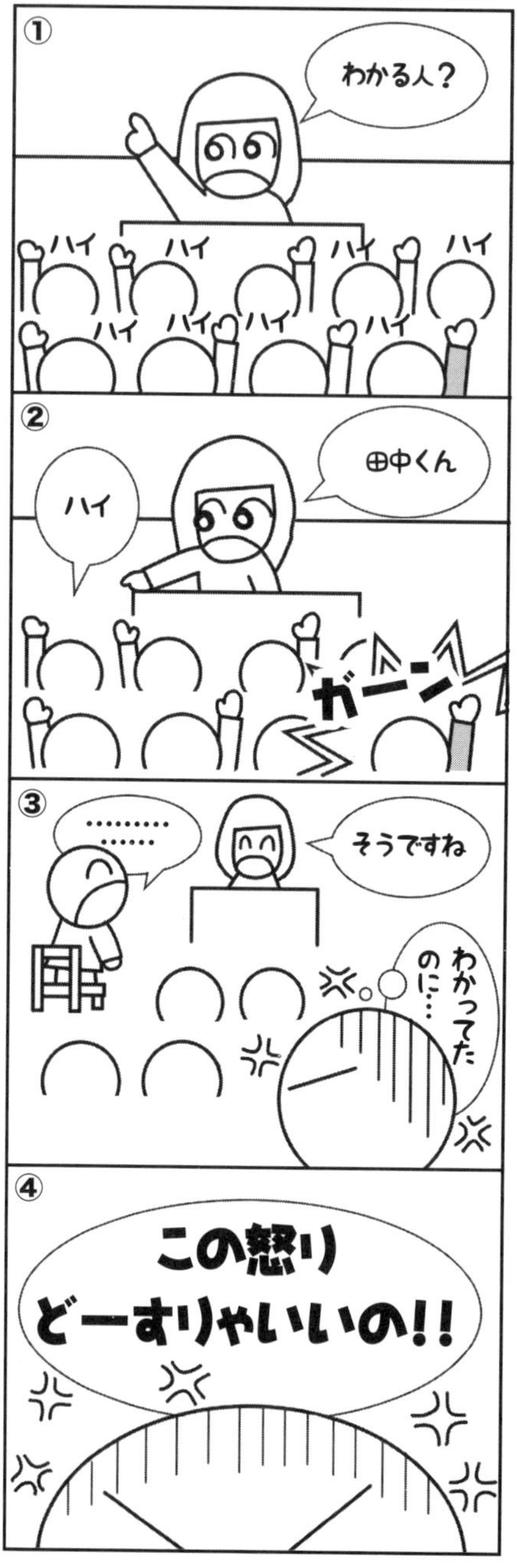

こんなとき
ど〜する？

24

授業中《じゅぎょうちゅう》、あててもらえなかった！

先生《せんせい》が授業中《じゅぎょうちゅう》に「わかる人《ひと》？」って言《い》ったから手《て》をあげたのにあててもらえなかった！
ぼくは答《こた》えがわかったから手《て》をあげたのに、
あててもらえないのはおかしいじゃないか！

そうか！

24 こう考《かんが》えてみよう！

クラスには30人《にん》以上《いじょう》の友《とも》だちがいて、自分《じぶん》は30人《にん》のなかの一人《ひとり》です。先生《せんせい》は30人《にん》みんなに教《おし》えていて、みんなに質問《しつもん》をしています。だから、先生《せんせい》はほかの人《ひと》をあてることもあります。たとえば、5人《にん》の友《とも》だちが手《て》をあげたとき、自分《じぶん》があててもらえる確立《かくりつ》は5分《ぶん》の1です。あててもらえなくても、先生《せんせい》は、手《て》をあげた人《ひと》が答《こた》えをわかっていることを知《し》っています。だからだいじょうぶです。ほかの人《ひと》に発表《はっぴょう》のチャンスをゆずることはクラス全体《ぜんたい》にとってよいことです。

答えを発表するとき

できてる

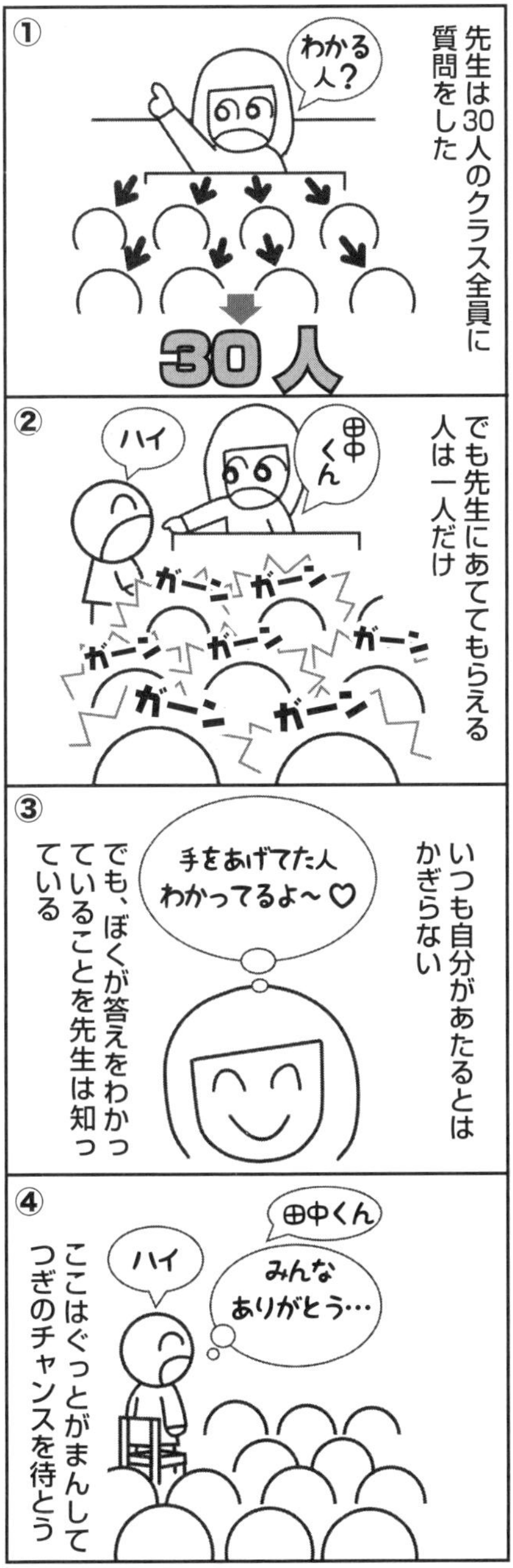

①
先生は30人のクラス全員に質問をした
わかる人？
30人
②
でも先生にあててもらえる人は一人だけ
田中くん
ハイ
ガーン
ガーン
ガーン
ガーン
ガーン
ガーン
ガーン
③
いつも自分があたるとはかぎらない
手をあげてた人わかってるよ～♡
でも、ぼくが答えをわかっていることを先生は知っている
④
ここはぐっとがまんしてつぎのチャンスを待とう
田中くん
ハイ
みんなありがとう…

つい忘れる！　オーマイガッ！

①
アッ！！
教科書 忘れた！
②
ちょっと見せて！
いいよ
③
つぎの日…
また、忘れた！
④
ちょっと見せて！
もーイヤ！
フンッ!!

こんなとき
ど〜する？

25

忘《わす》れものをしてしまう！

毎日《まいにち》のように忘《わす》れものをして怒《おこ》られる。となりの人《ひと》に見《み》せてもらってなんとかなることもあるけど、勉強《べんきょう》がわからなくなることも多《おお》い。どうしたらいいんだ！

明日の準備をする時間

できてる

① 学校から帰って、すぐ明日の用意
ただいま〜
すぐに用意
国語
② 夕食前にチェック
チェックした？
そうだった
③ だいじょうぶ？
あるある
④ それから夕食
明日はだいじょうぶ！！

そうか！

25 こう考《かんが》えてみよう！

忘《わす》れものをしたくない、と思《おも》うことはすばらしいことです。学校《がっこう》からもどったらすぐに、明日《あした》持《も》っていくものの準備《じゅんび》をしましょう。そして夕食前《ゆうしょくまえ》にチェックしてから食《た》べるようにします。できれば、お家《うち》の人《ひと》にチェックしてもらうか「チェックした？」と確認《かくにん》してもらいましょう。準備《じゅんび》をする、チェックするという二段階《にだんかい》で忘《わす》れものを防《ふせ》ぎましょう。夕食《ゆうしょく》の前《まえ》を準備《じゅんび》とチェックの時間《じかん》にすると決《き》めることが大切《たいせつ》です。

夕食《ゆうしょく》の時間《じかん》は毎日《まいにち》あるので、忘《わす》れものが少《すく》なくなるはずです。

こんなとき ど〜する？

26

給食《きゅうしょく》が苦手《にがて》なんだけど…

給食《きゅうしょく》は残《のこ》さないことになっているんだけど、
ぼくにはどうしても食《た》べられないものがある。
先生《せんせい》はぼくの気持《きも》ちをわかってくれない！

食べられないんだって！

そうか!

26

こう考《かん》えてみよう!

好《す》ききらいはだれにでもあります。どうしても食《た》べることができないものは、食《た》べる前《まえ》に「どうしても食《た》べることができないのでへらしてください」と言《い》うか、「食《た》べることができません」と言《い》ってみましょう。食《た》べてみて決《き》めるばあいは、「食《た》べてみますが、残《のこ》すかもしれません」と言《い》えばよいです。がんばって食《た》べる必要《ひつよう》はありませんが、食《た》べてみるとあんがいおいしかったということもあります。

苦手なものが給食に出たとき

できてる

①
少し食べることができそうなとき
へらしてください
②
ぜったい食べられないとき
食べることができません
③
食べてみて決めるとき
残すかもしれません
④
食べてみたらおいしいこともある
うま〜い!!

こんなとき
ど～する？

27

係《かかり》の仕事《しごと》ってなんだろう？

配《はい》布《ふ》係《がかり》になっているけどめんどくさい。先生《せんせい》が配《くば》ればいいじゃないか？　どうして係《かかり》の仕《し》事《ごと》なんてあるのかわからない！

係の仕事、めんどくさい！

①
失礼しまーす
職員室
配布物
1組
2組
3組
4組
5組
②
めんどくさい…
クラス
職員室
③
先生がすればいいじゃないか！
④
そもそも
係の仕事なんて
必要あるのか？

そうか！

27 こう考《かんが》えてみよう！

学校《がっこう》ではみんなそれぞれなにかの係《かかり》の仕事《しごと》につくことになっています。給食係《きゅうしょくがかり》は、みんなの給食《きゅうしょく》を運《はこ》び、配《くば》ってくれます。図書係《としょがかり》は、本《ほん》を整理《せいり》したり、人気《にんき》の本《ほん》を紹介《しょうかい》してくれたりします。みんなが係《かかり》の仕事《しごと》をすることでおたがいに助《たす》け合《あ》っています。学校《がっこう》は勉強《べんきょう》するところですが、教科《きょうか》の勉強《べんきょう》だけではなく、運動会《うんどうかい》や学芸会《がくげいかい》も勉強《べんきょう》、係《かかり》の仕事《しごと》も勉強《べんきょう》です。学校《がっこう》で係《かかり》の仕事《しごと》をきちんとしておくと、大人《おとな》になってはたらくときに役《やく》に立《た》ちます。

みんなで助け合う

できてる

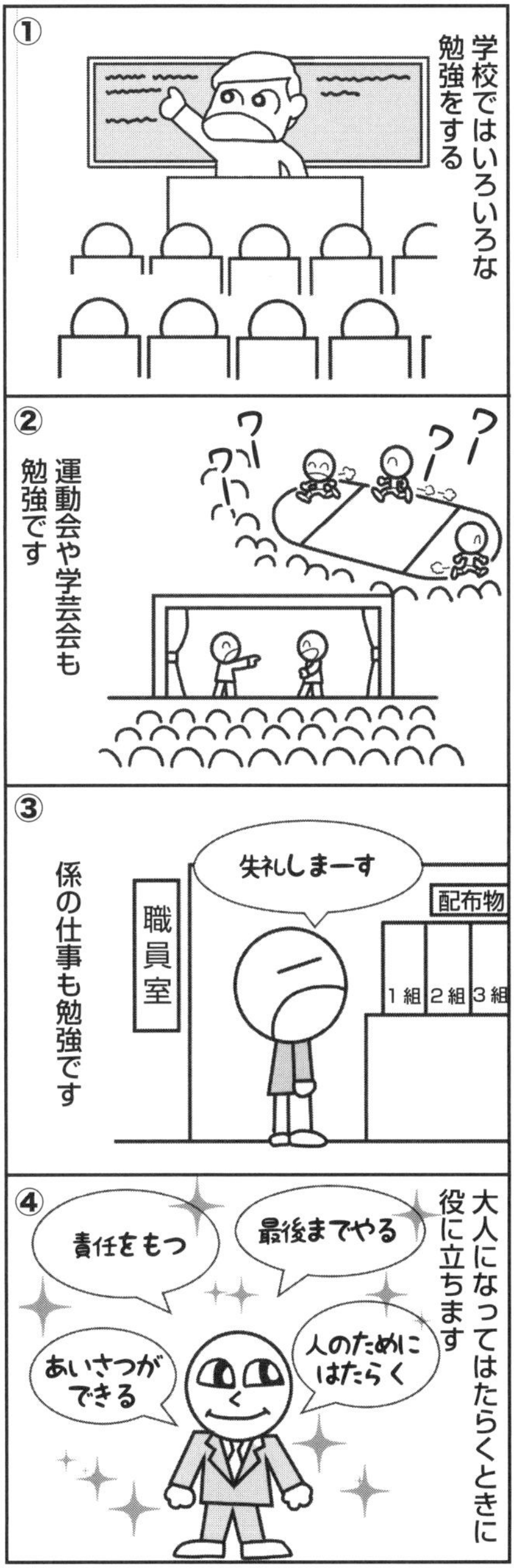
①
学校ではいろいろな勉強をする
②
運動会や学芸会も勉強です
③
係の仕事も勉強です
失礼しまーす
職員室
配布物
1組 2組 3組
④
大人になってはたらくときに役に立ちます
最後までやる
責任をもつ
人のためにはたらく
あいさつができる

こんなとき ど〜する？

28

みんなが自分《じぶん》に いじわるをしている！ その①

サッカーのとき、ぼくのところにボールが来《こ》ない！ みんながぼくにボールを回《まわ》さないようにしているんだ！ ゆるせない！

ボールが来ない！

そうか！

28

こう考《かんが》えてみよう！

サッカーは味方《みかた》のチームと敵《てき》のチームで勝敗《しょうはい》を競《きそ》うゲームです。同《おな》じチームのメンバーは協力《きょうりょく》して点《てん》を入《い》れるためにがんばります。そのときどきに判断《はんだん》してボールをキックしているため、だれにボールが行《い》くかみんなわかりません。だから、だれかにだけボールが来《こ》ないようにすることはできません。目的《もくてき》は点《てん》を入《い》れることで、だれかにボールを回《まわ》さないようにすることではないからです。ボールが来《こ》ないときにも、点《てん》を入《い》れるために自分《じぶん》はなにをするべきか考《かんが》えて動《うご》いてみると、自分《じぶん》のチームの勝利《しょうり》に役立《やくだ》ちます。

サッカーをするとき

できてる

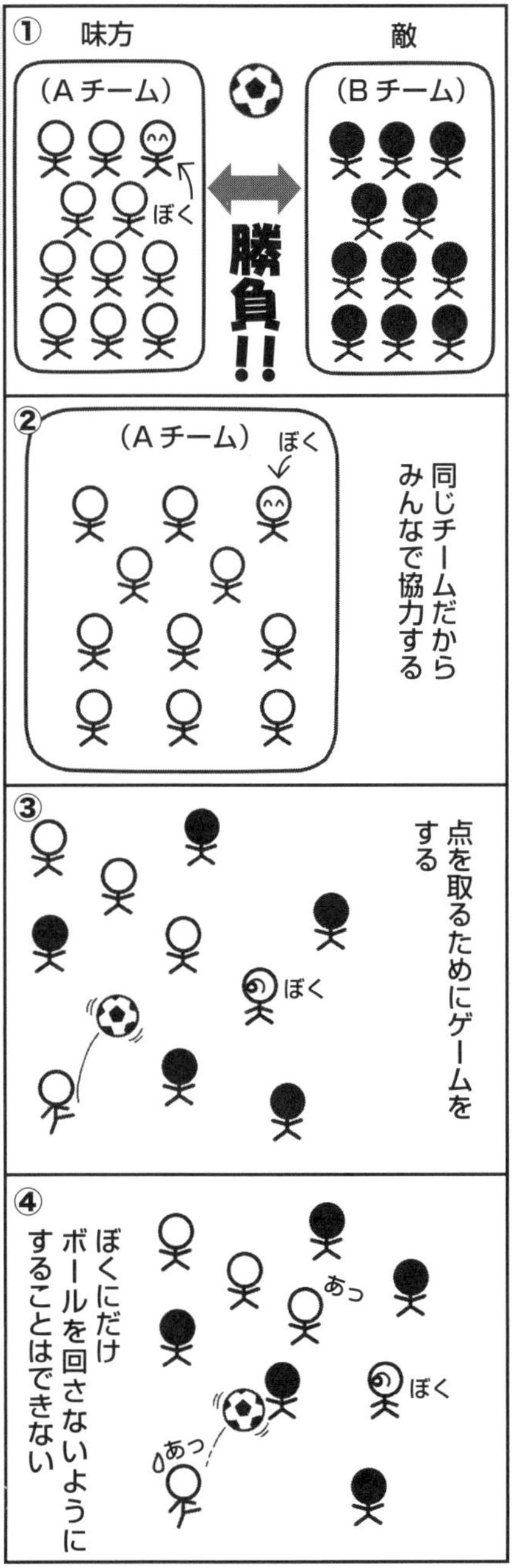
①
味方
敵
（Aチーム）
（Bチーム）
ぼく
勝負!!
②
（Aチーム）
ぼく
同じチームだから
みんなで協力する
③
点を取るためにゲームをする
ぼく
④
ぼくにだけ
ボールを回さないように
することはできない
あっ
ぼく
あっ

こんなとき
ど〜する？

29

みんなが自分《じぶん》にいじわるをしている！その②

給食当番《きゅうしょくとうばん》で牛乳《ぎゅうにゅう》を運《はこ》んでいたら、ろう下《か》にみんながいる。横《よこ》を通《とお》るときにひじがあたった。わざとぶつかってきたんだ！　みんながぼくを通《とお》さないようにしているんだ！

ぶつかってくるヤツ！

たくさんの人のなかを通るとき

できてる

29 こう考《かんが》えてみよう！

休《やす》み時間《じかん》にはろう下《か》にたくさんの人《ひと》がいます。遊《あそ》んでいる人《ひと》や話《はなし》に夢中《むちゅう》になっている人《ひと》もいるでしょう。みんなが自分《じぶん》のことを見《み》ているわけではありません。だれかの手《て》や身体《からだ》が自分《じぶん》にふれたりぶつかったりしても、その人《ひと》はわざとぶつかったのではなく、見《み》ていなかった可能性《かのうせい》があります。ぶつからないようにみんなのなかを通《とお》りたいときには「すみませんが、通《とお》してください」と聞《き》こえる声《こえ》で言《い》えば、道《みち》をあけてくれます。

こんなとき ど〜する？

30

できないことを笑《わら》われた！

笑うヤツがゆるせない！

①
ハハハハ…
②
③
いけません！
④
ブツ
ブツ
ブツブツ
ブツ
ブツ
ブツ
なんでぼくが…

なわとびをしているとき、ぼくがひっかかると笑《わら》うやつがいた！　なぐってやろうとしたら先生《せんせい》に怒《おこ》られた。笑《わら》ったやつが悪《わる》いのに！　ゆるせない！

そうか！

30 こう考《かんが》えてみよう！

人《ひと》ができないことを笑《わら》うのはよくありませんし、だれだって笑《わら》われたくありません。「笑《わら》わないでください」と、その思《おも》いを相手《あいて》に言葉《ことば》で伝《つた》えると先生《せんせい》は怒《おこ》りません。ついカッとなる気持《きも》ちはわかりますが、手《て》を出《だ》したら笑《わら》った人《ひと》と同《おな》じく悪者《わるもの》になってしまいます。カッとしたときには言葉《ことば》で伝《つた》えるだけにしましょう。本人《ほんにん》に伝《つた》えても聞《き》いてくれないときには先生《せんせい》に伝《つた》えます。先生《せんせい》が笑《わら》った人《ひと》を注意《ちゅうい》してくれるのでだいじょうぶです。

笑われたとき

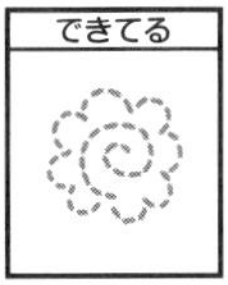
できてる

①
ハハハハ…
ぐっとがまん！！
②
ハハハハ…
笑わないで！！
③
クククク
先生、〇〇くんが笑います！
④
笑うんじゃない！
ハイッ！

なんで笑わないの？

①
ころすきか？
コロスケか？
なに
言ってんの？
②
おもしろいでしょ
なにが？
③
ころすきか？
コロスケか？
……
④
なんで
わかんないの!!
わかるか!!

こんなとき
ど〜する？

31

友《とも》だちに話《はな》しかけるときのマナーって？

昨日《きのう》テレビで見《み》たお笑《わら》い番組《ばんぐみ》がおもしろかったので、友《とも》だちにそのギャグを言《い》ったら「なに言《い》ってんの？」って言《い》われた。どういうことなんだ！

そうか！

31

こう考《かんが》えてみよう！

いくらおもしろい話《はなし》でも、友《とも》だちが聞《き》きたいと思《おも》っているとはかぎりません。友《とも》だちがだれかと話《はな》していたり、なにかをしていたりするばあいは、終《お》わってから話《はな》しかけましょう。または、「話《はな》してもいい？」と聞《き》いて「いいよ」と言《い》われたら話《はな》しましょう。友《とも》だちはなにを話《はな》しかけられるのかわかりませんから、お笑《わら》いのギャグをいきなり言《い》う前《まえ》に「昨日《きのう》のお笑《わら》い番組《ばんぐみ》のことだけど」と前《まえ》おきしてから話《はな》しはじめます。

話しかけるとき

できてる

①
友だちが自分の話を
聞きたいとはかぎらない
あのさ～
②
聞いてから話そう
話しても
いい？
いいよ
③
きのうのお笑い番組
のことだけど
ウンウン
④
ころすきか？
コロスケか？
ハハハハハ

はやく返してよ！

こんなとき
ど〜する？

32

貸《か》したものが返《かえ》ってこない！どうしよう？

友《とも》だちに貸《か》したゲームソフトがなかなか返《かえ》ってこない。「返《かえ》して」って言《い》いにくい。どうしたらいい？

そうか！

32

こう考《かんが》えてみよう！

貸《か》して2週間《しゅうかん》以上《いじょう》たつのなら「返《かえ》してもらいたい」と言《い》いましょう。忘《わす》れている可能性《かのうせい》があるからです。貸《か》すときに、いつごろまで貸《か》し出《だ》すのか聞《き》いておくと「返《かえ》して」と言《い》う目安《めやす》になります。トラブルの原因《げんいん》になるのでゲームやお金《かね》など自分《じぶん》が大切《たいせつ》にしているものを、友《とも》だちと貸《か》し借《か》りするのはやめます。貸《か》すのをことわることで友《とも》だちとの関係《かんけい》をこわしたくないばあいは、「親《おや》に貸《か》し借《か》りはいけないと言《い》われているから」と言《い》えばだいじょうぶです。

友だちとの貸し借り

できてる

① 2週間以上なら「返して」と言う
返して
あっ！忘れてた!!
ゴメン
② 貸し借りはしない
返して
もう少し貸して
③ トラブルのもとになる
返せ!!
うるさい!!
④ 「貸して」と言われてもことわる
ゴメン
親に貸し借りはダメって
言われてるんだ
ゲームソフト
貸して

このやろー！

①
②
フンッ！
フンッ！
③
フンッ！
④
つかれる～

こんなとき ど〜する？

33 友《とも》だちと けんかをして しまった！

友《とも》だちとけんかをしてしまった。
仲《なか》なおりできない。どうしよう！

そうか！

33

こう考《かんが》えてみよう！

けんかは、どちらかが全部《ぜんぶ》悪《わる》くて、どちらかが全部《ぜんぶ》正《ただ》しいというときにはおこりません。どちらも少《すこ》し悪《わる》いのです。相手《あいて》の悪《わる》いところばかりが見《み》えてしまい、自分《じぶん》の悪《わる》いところにはなかなか気《き》がつきません。仲《なか》なおりしたいときは、まず自分《じぶん》の少《すこ》し悪《わる》かったところだけ考《かんが》えます。相手《あいて》の悪《わる》いところはそっとしておくのです。そして、勇気《ゆうき》を出《だ》して相手《あいて》に「ごめん」と言《い》います。すると、相手《あいて》も自分《じぶん》の悪《わる》かったところに気《き》がつくでしょう。「ごめん」という言葉《ことば》には、相手《あいて》を「こちらこそごめん」という気持《きも》ちにさせる力《ちから》があります。

できてる

仲なおりの方法

①
けんか
悪いところ
②
ごめん
ドキッ
③
ぼくも悪かった
こちらこそ ごめん
④
仲なおり

ヒエ〜ッ

こんなとき ど〜する？

34

友《とも》だちに悪《わる》いことをすすめられた！

友《とも》だちや先《せん》ぱいにタバコをすすめられたり、
万《まん》引《び》きしてこいと言《い》われたりした。
こんなときどうしたらいいんだ！

悪いと思ったことはしない

できてる

①
すすめられても
ダメなものはダメ
タバコ！
万引き！
②
ことわる勇気をもとう
いやだ!!
正
オッ！
③
相談することもできる
じつは
……
フムフム
フムフム
先生
親
④
正しい行動をとろう
正
正義は
勝つ!!
ヒエ～

そうか！

34 こう考《かんが》えてみよう！

どんなにすすめられてもやってはいけないことがあります。万引《まんび》きや未成年者《みせいねんしゃ》がタバコを吸《す》うのは法律《ほうりつ》で禁止《きんし》されています。やってしまうと警察《けいさつ》につかまる可能性《かのうせい》があります。タバコや万引《まんび》きは、すすめられても「いやだ」と言《い》ってことわるのがりっぱです。悪《わる》いことなのかもしれないと思《おも》ったことはしないことです。こまったら親《おや》や先生《せんせい》に相談《そうだん》する方法《ほうほう》があります。

先生の言うことを聞け！

①
いい姿勢をしましょう！
②
静かにしましょう！
ペチャクチャ
③
教科書の○ページを開けて
ペチャクチャ
④
先生の言うことを聞け！！
ガタッ

こんなときど〜する？

35

先生《せんせい》の言《い》うことを聞《き》かない友《とも》だちがゆるせない！

先生《せんせい》が授業中《じゅぎょうちゅう》に注意《ちゅうい》しても聞《き》かないやつがいる。静《しず》かにしない、姿勢《しせい》が悪《わる》い、言《い》われたことをしない……そういうやつがゆるせない。ぶんなぐりたくなる。だって先生《せんせい》の言《い》うことは聞《き》くのがあたりまえだろう！

言うことを聞かない人を見たとき

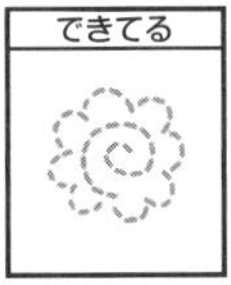
できてる

① その場でしっかり注意する
授業中です。静かにしましょう！
…ハイ
② あとでゆっくり反省させる
授業中はいい姿勢、静かにする、わかった？
ハイ
③ 保護者に言う
学校でこんなことがありました
すみません
すみません
④ 先生にまかせるのが１番
いろいろ考えている先生
わかりました
まかせて♡

そうか！

35

こう考《かんが》えてみよう！

先生《せんせい》が正《ただ》しいことを言《い》っていたら聞《き》くのがあたりまえです。聞《き》かない人《ひと》がいたら、その人《ひと》が悪《わる》いのです。先生《せんせい》はそんなときに、話《はなし》をちゃんと聞《き》けるようになる一番《いちばん》効果的《こうかてき》な方法《ほうほう》をいろいろ考《かんが》えています。その方法《ほうほう》をいまするのか、授業《じゅぎょう》のあとなのか、面談《めんだん》のときなのか、家庭訪問《かていほうもん》なのかは先生《せんせい》が決《き》めます。だから言《い》うことを聞《き》かない人《ひと》を見《み》ても、なぐったり、ののしったりせずに、先生《せんせい》にまかせておくのがよいのです。

ドキドキ！

①
ドキ!!
②
………
ボ〜ッ
③
キュン!
④
くるしぃよ〜！

こんなとき ど〜する？

36

ある人《ひと》を好《す》きになった！

ある女《おんな》の子《こ》を好《す》きになってしまった！
苦《くる》しくて、どうすればいいかわからない！
たすけて！

そうか!

36

こう考《かんが》えてみよう!

人《ひと》を好《す》きになるのはよいことです。そして苦《くる》しいものです。好《す》きになった人《ひと》も自分《じぶん》を好《す》きになってくれるとはかぎらないからです。たとえ好《す》きでもジロジロ見《み》るのはよくありません。好《す》きだ、という気《き》持《も》ちを伝《つた》える前《まえ》に、その人《ひと》が「この人《ひと》いい人《ひと》だな」と思《おも》ってくれるような自分《じぶん》になるように努力《どりょく》するのです。そういう自分《じぶん》になれたら、好《す》きだという気《き》持《も》ちを伝《つた》えてみるのもいいでしょう。

好きな人は大切にしよう

できてる

休み時間がつらい！

こんなとき ど〜する？

37 休《やす》み時間《じかん》に居場所《いばしょ》がない

休《やす》み時間《じかん》になると、みんなで話《はなし》をして笑《わら》っている。ぼくはなにをしていいのかわからず、いつも一人《ひとり》ぼっちで居場所《いばしょ》がない。もう消《き》えてしまいたい！

そうか！

37 こう考《かんが》えてみよう！

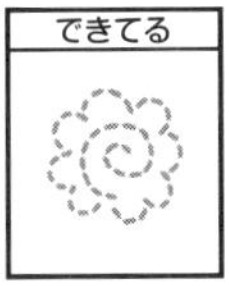
できてる

休み時間
①
図書室に行く
②
保健室に行く
③
水やりをする
④
そうか
いっしょに考えよう
休み時間
つらいです
いろいろな
方法がある

休《やす》み時間《じかん》は、みんな自由《じゆう》に過《す》ごします。話《はなし》をする人《ひと》、本《ほん》を読《よ》む人《ひと》、ぼーっと外《そと》をながめる人《ひと》、図書室《としょしつ》に行《い》く人《ひと》、ほかのクラスに行《い》く人《ひと》、育《そだ》てているお花《はな》の水《みず》やりをする人《ひと》などさまざまです。クラスにいることがイヤなときは、図書室《としょしつ》や保健室《ほけんしつ》に行《い》って休《やす》む方法《ほうほう》もあります。休《やす》み時間《じかん》がつらいということを、担任《たんにん》や図書室《としょしつ》、保健室《ほけんしつ》の先生《せんせい》に相談《そうだん》してみてもいいです。チャイムが鳴《な》るまで、自由《じゆう》に好《す》きなことをして休《やす》み時間《じかん》を過《す》ごすと、身体《からだ》や心《こころ》がリフレッシュできます。

部活動がめんどくさい！

① 先ぱいがうるさい
1年生は たまひろいだろ！
……
② 先生がうるさい
練習に おくれるな！！
……
③ 友だちがうるさい
ちゃんと やれ
バカ
やる気 あるのか？
……
④
もう やめてやる!!

こんなとき ど〜する？

38

部活動《ぶかつどう》がめんどくさい！

部活動《ぶかつどう》で先《せん》ぱいや先生《せんせい》がうるさいことばかり言《い》うのでイヤになってくる。そんな部活動《ぶかつどう》は、もうやめてやろうかと思《おも》っている！

そうか！

38 こう考《かんが》えてみよう！

部活動《ぶかつどう》にはルールがあります。理由《りゆう》があるとき以外《いがい》は休《やす》まない、休《やす》むときには理由《りゆう》を言《い》って「休《やす》みます」と言《い》う、時間《じかん》になったらはじまる、遅《おく》れるときには「遅《おく》れます」と言《い》う、などです。それらのルールを守《まも》ってみんなで協力《きょうりょく》して活動《かつどう》をします。いまよりもっとよいやり方《かた》を教《おし》えてくれるのが先《せん》ぱいや先生《せんせい》です。先《せん》ぱいや先生《せんせい》が「うるさい」と感《かん》じるようなことを言《い》うのは、もっと上手《じょうず》になってほしいからです。部活動《ぶかつどう》をやめる前《まえ》に先生《せんせい》に相談《そうだん》するという方法《ほうほう》もあります。

部活動のルール

できてる

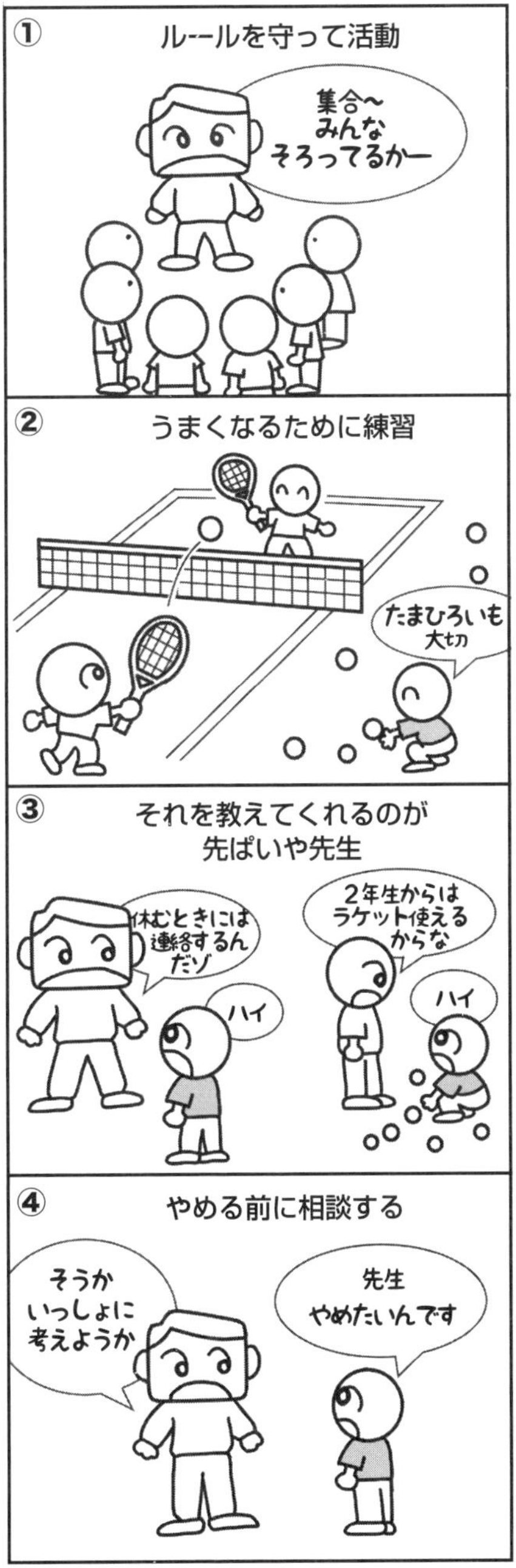
① ルールを守って活動
集合〜 みんな そろってるかー
② うまくなるために練習
たまひろいも 大切
③ それを教えてくれるのが 先ぱいや先生
休むときには 連絡するんだゾ
ハイ
2年生からは ラケット使える からな
ハイ
④ やめる前に相談する
先生 やめたいんです
そうか いっしょに 考えようか

ぼくって役立たずなの？

こんなとき ど〜する？

39

自分《じぶん》にできることはなにか？

自分《じぶん》はなんの役《やく》にも立《た》っていないし、できることはなにもない。クラスにいる意味《いみ》があるのだろうか？

そうか！

39 こう考《かんが》えてみよう！

だれでもみんなクラスにいるだけで十分《じゅうぶん》意味《いみ》があります。そこでなにができるかということを考《かんが》えているのはとてもすばらしいことです。できることはなんだろう？ と思《おも》って過《す》ごすと、できることは見《み》つかります。たくさん見《み》つかっても、すべておこなう必要《ひつよう》はありません。やってみようと思《おも》ったことだけをおこなえばよいのです。宿題《しゅくだい》や係《かかり》の仕事《しごと》のように、やらなければならないことのほかに、友《とも》だちやクラスのために自分《じぶん》でできることをさがすのはステキなことです。

自分にできること
①
かけがえのない存在
②
できること できること…
③
すべておこなう必要はない
あった
あった
あった
あった
④
できることをさがすのはステキです♡
ありがとう
手伝うよ

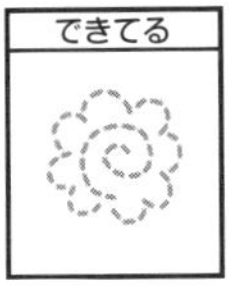
できてる

学校ってさいあく！

こんなとき
ど〜する？

40

学校《がっこう》を楽《たの》しくする方法《ほうほう》って？

学校《がっこう》がつらい。
どうしたら楽《たの》しくなる？

そうか！

40

こう考《かんが》えてみよう！

学校《がっこう》がつらいと感《かん》じるのには、友《とも》だちとうまくいっていない、勉強《べんきょう》がわからないなど理由《りゆう》があります。理由《りゆう》があれば先生《せんせい》に相談《そうだん》するなど行動《こうどう》しましょう。楽《たの》しくなる方法《ほうほう》がいくつかあります。まず、先生《せんせい》や友《とも》だちに「ありがとうございます」や「ありがとう」をたくさん言《い》います。それから、好《す》きなことに打《う》ち込《こ》むようにしてみます。音楽《おんがく》を聴《き》く、本《ほん》やマンガを読《よ》む、なんでもいいです。好《す》きなことに打《う》ち込《こ》むと、つらくてどうしようもないときでも、自分《じぶん》の心《こころ》に栄養《えいよう》を与《あた》えることができます。つらい時期《じき》にもかならず終《お》わりがあります。

学校がつらいとき

できてる

①
わかりません
やさしく言ってください
ごめん
②
ありがとう
ありがとう
ありがとう
③
それでもダメなら……
つり
The End
映画
ピコピコ
ゲーム
ギター
読書　など
④
心をからさないように
つらいことにも終わりがある

これから自分はどーなるの？

①
□□高校？
△△高校？
○○会社？
〜訓練校？
どんな進路？
②
友だちはできるか？
③
一人ぼっちにならないか？
④
不安〜

こんなときど〜する？

41

進路《しんろ》や将来《しょうらい》が不安《ふあん》！

これからのことを考《かんが》えると不安《ふあん》。どんな進路《しんろ》があるんだろう？　これから先《さき》、友《とも》だちはできるだろうか？
一人《ひとり》ぼっちにならないだろうか？

そうか！

41

こう考《かんが》えてみよう！

未来の自分

できてる

① みんな不安です
□□高校
△△高校
～訓練校
不安
不安
不安
不安
不安
不安
不安
② アドバイスしてくれるから
だいじょうぶ
…………
フム
フム
③ オープンスクールなどの
見学もできる
なるほど
へえ～
そうか
④ アドバイスをよく聞いて
自分で選びます
あそこが合ってると思うよ
ここがいい！

わからないことは不安《ふあん》です。これからの進路《しんろ》や将来《しょうらい》はわからないからみんな不安《ふあん》です。でもだいじょうぶ、先生《せんせい》が選択肢《せんたくし》を用意《ようい》してくれます。先生《せんせい》や親《おや》は、子《こ》どもの未来《みらい》が幸《しあわ》せになるようにアドバイスしてくれます。話《はなし》をよく聞《き》いて、いくつかの選択肢《せんたくし》のなかから「ここにしよう」と決《き》めることになります。どれが自分《じぶん》に合《あ》っているか親《おや》や先生《せんせい》に相談《そうだん》することもできます。自分《じぶん》に合《あ》っていると思《おも》う進路先《しんろさき》を選《えら》ぶことができるのです。

ほんとのことなのに……

①
そんなこと言うんじゃない！！
まずい…
②
ハゲだ
そんなこと言うんじゃない!!
すみません
③
なんで言ったらいけないの？
思ったこと
「まずい」
事　実
「ハゲ」
④
教えてもらおーじゃないの

こんなとき ど〜する？

42

社会生活編

言《い》っていいこと、悪《わる》いことってなに？

食事《しょくじ》がまずいから「まずい」と言《い》ったら怒《おこ》られた。ハゲてる人《ひと》がいたから「ハゲてる」って言《い》っても怒《おこ》られた。ほんとのことを言《い》っただけなのに、どうして怒《おこ》られるの？

42 こう考《かんが》えてみよう！

相手《あいて》の気分《きぶん》を害《がい》する可能性《かのうせい》がある言葉《ことば》があります。たとえば、「ハゲ」「バカ」「まずい」「へんな服《ふく》」「へんな髪型《かみがた》」など「へんな」ではじまる言葉《ことば》や「口《くち》がくさい」などです。相手《あいて》にとってマイナスの言葉《ことば》を言《い》うときには、その言葉《ことば》が相手《あいて》の気分《きぶん》を害《がい》さないかどうか考《かんが》えてから言《い》うように気《き》をつけます。言葉《ことば》にする前《まえ》に立《た》ち止《ど》まることで、怒《おこ》られたり「なんだこの人《ひと》？」と思《おも》われるリスクを少《すく》なくすることができます。

相手が気分を害する言葉

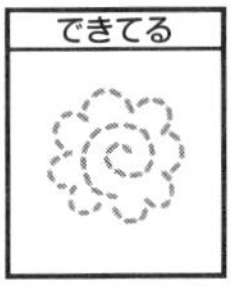

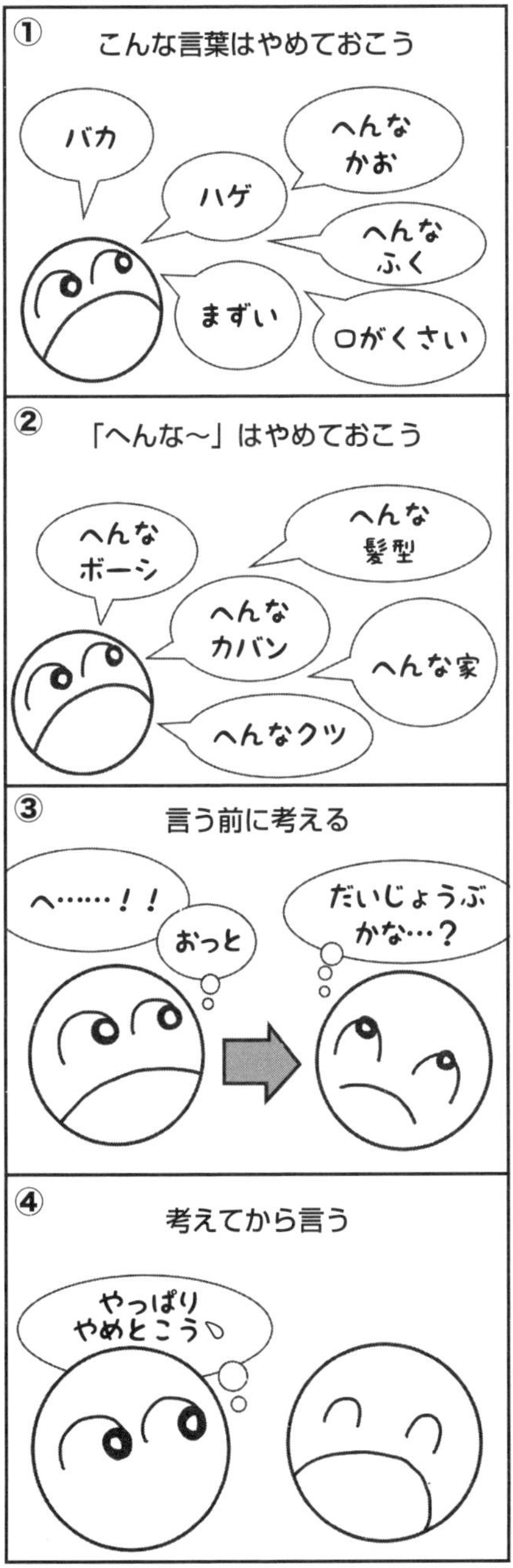

外食はむずかしい！

こんなときど〜する？

43

外食《がいしょく》のマナーってなに？

レストランやファストフードなどで外食《がいしょく》すると「マナー守《まも》って」って言《い》われるんだけど、外食《がいしょく》のマナーってなんなんだ！

そうか！

43

こう考《かんが》えてみよう！

大《おお》きな声《こえ》を出《だ》さない、食器《しょっき》をなめない、口《くち》を閉《と》じて食《た》べる、びんぼうゆすりをしない、鼻《はな》くそをほじらない、「まずい」と言《い》わない、くしゃみが出《で》るときには人《ひと》のほうを向《む》かずに手《て》でおさえる、これらは最低限《さいていげん》のマナーです。ファストフードの店《みせ》で並《なら》んでいるときには、列《れつ》の最後《さいご》に並《なら》ぶようにします。マナーを守《まも》って外食《がいしょく》すると、みんなと楽《たの》しいひとときを過《す》ごすことができます。

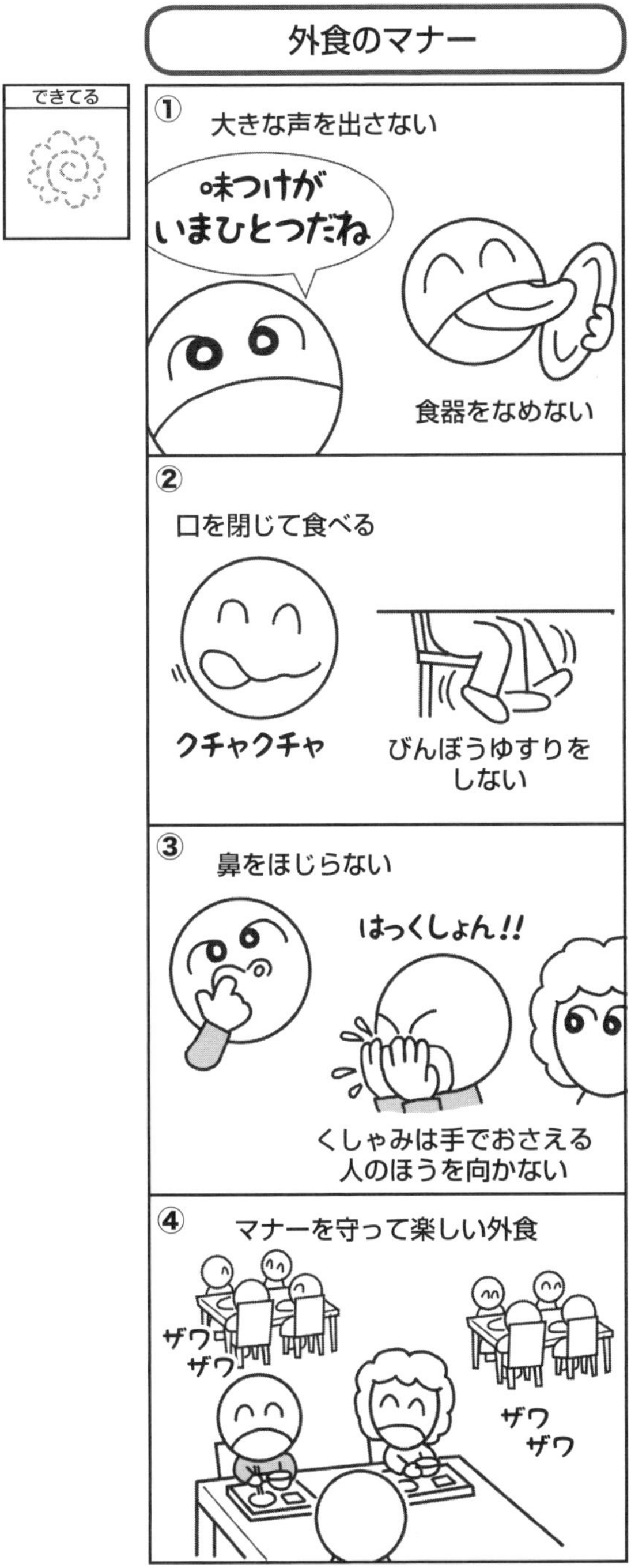

電話ってむずかしい！

①
お母さんいますか？
はい…
②
……….
？
………
③
かわってもらえますか？
はい？
④
わかりにくい！！

こんなときど〜する？

44

電話《でんわ》の受《う》け応《こた》えがわからない！

電話《でんわ》に出《で》たら「もしもし、お母《かあ》さんいますか？」って言《い》うから「はい、います」と応《こた》えた。そうしたら、そのままなにも言《い》わなくなった。だまっていると「かわってもらえますか？」と言《い》ってきた。わかりにくい！

そうか！

44

こう考《かんが》えてみよう！

「お母《かあ》さんいますか」というのは、家《いえ》にお母《かあ》さんがいるかどうかをたずねているのではなく、お母《かあ》さんに電話《でんわ》をかわってほしい、という意味《いみ》です。「お父《とう》さんいますか」も「お姉《ねえ》さんいますか」も同《おな》じで、「お父《とう》さんにかわってほしい」「お姉《ねえ》さんにかわってほしい」というメッセージです。いればかわればいいし、本当《ほんとう》にいないときには「いま、いません」と答《こた》えると「わかりました」と言《い》って電話《でんわ》は切《き》れます。

電話の受け応え

できてる

①
お母さんいますか？
はい
「お母さんがいたらかわってほしい」というメッセージ
②
お父さんいますか？
はい
「お父さんがいたらかわってほしい」というメッセージ
③
お母さんいますか？
と言われたら…
はい しょうしょう おまちください
と言って
④ かわればいい
でんわ
ありがとう♡

マナーを守れよ！

①
プシュ〜
②
ギュー
ギューギュー
③
ジロジロ
④
こまったもんだ!!

こんなときど〜する？

45

電車《でんしゃ》やバスのマナーってなに？

バスや電車《でんしゃ》に乗《の》ろうとすると、むこうから人《ひと》がやってきて乗《の》りにくい。人《ひと》がいっぱいになるときゅうくつでイヤになる。ジロジロ見《み》るヤツもいる。バスや電車《でんしゃ》のマナーを知《し》らないヤツが多《おお》いのにはこまったもんだ！

バスや電車でのマナー

できてる

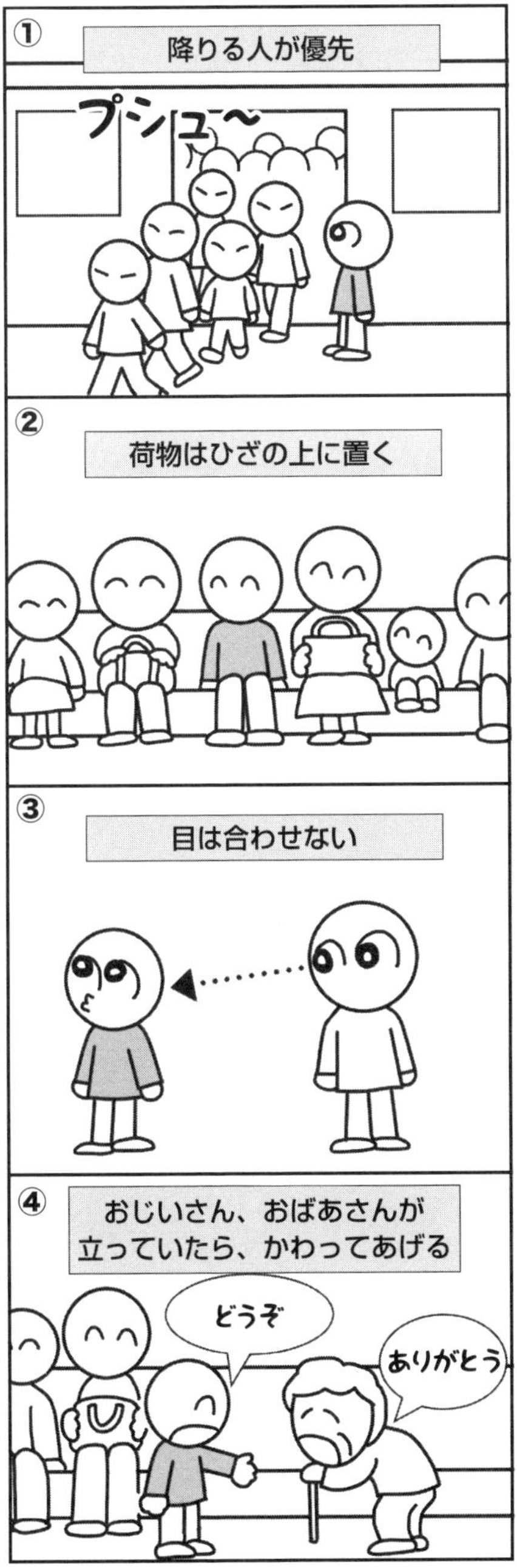

そうか！

45

こう考《かんが》えてみよう！

バスや電車《でんしゃ》にかぎらず、乗《の》りものはすべて降《お》りる人《ひと》が優先《ゆうせん》です。降《お》りる人《ひと》が出《で》てから乗《の》るようにするとスムーズに乗《の》ることができます。となりの座席《ざせき》には自分《じぶん》の荷物《にもつ》は置《お》かずに、ひざの上《うえ》かあみだなの上《うえ》に置《お》くようにするとたくさんの人《ひと》が座《すわ》ることができます。おじいさん、おばあさんが立《た》っていたら、座席《ざせき》をゆずってあげるとよろこばれるでしょう。ジロジロ見《み》る人《ひと》とは顔《かお》を合《あ》わせないようにすることで無用《むよう》なトラブルをさけることができます。

こんなとき ど〜する？

46

見《み》えないから前《まえ》に行《い》ったら怒《おこ》られた！

人《ひと》だかりがしていたから、前《まえ》で見《み》ようと思《おも》ったら怒《おこ》られた。だってうしろのほうだとよく見《み》えない。ただ見《み》たいと思《おも》っただけなのに、なんで怒《おこ》られたのかわからない！

なんで怒られるの？

①
見えない…
②
前で見よう
③
④
わりこみするな!!
……
そうだそうだ！

そうか！

46

こう考《かんが》えてみよう！

動物園《どうぶつえん》や水族館《すいぞくかん》のブースの前《まえ》や、町中《まちなか》でなにか人《ひと》だかりがしていると見《み》たくなります。そんなとき、「見《み》たい」という気持《きも》ちは2番《ばん》目《め》にして、1番目《ばんめ》は「見《み》たい人《ひと》はほかにもいる」と考《かんが》えます。先《さき》に集《あつ》まった人《ひと》たちが優先的《ゆうせんてき》に見《み》る権利《けんり》があるので、人《ひと》だかりを押《お》しのけて前《まえ》で見《み》るのはよくありません。前《まえ》で見《み》て終《お》わった人《ひと》がいなくなれば、しだいに前《まえ》のほうで見《み》ることができるようになります。先《さき》にいた人《ひと》たちの後《うし》ろから見《み》るようにすると常識《じょうしき》のある人《ひと》だ、と思《おも》われます。

人だかりがしているとき

できてる

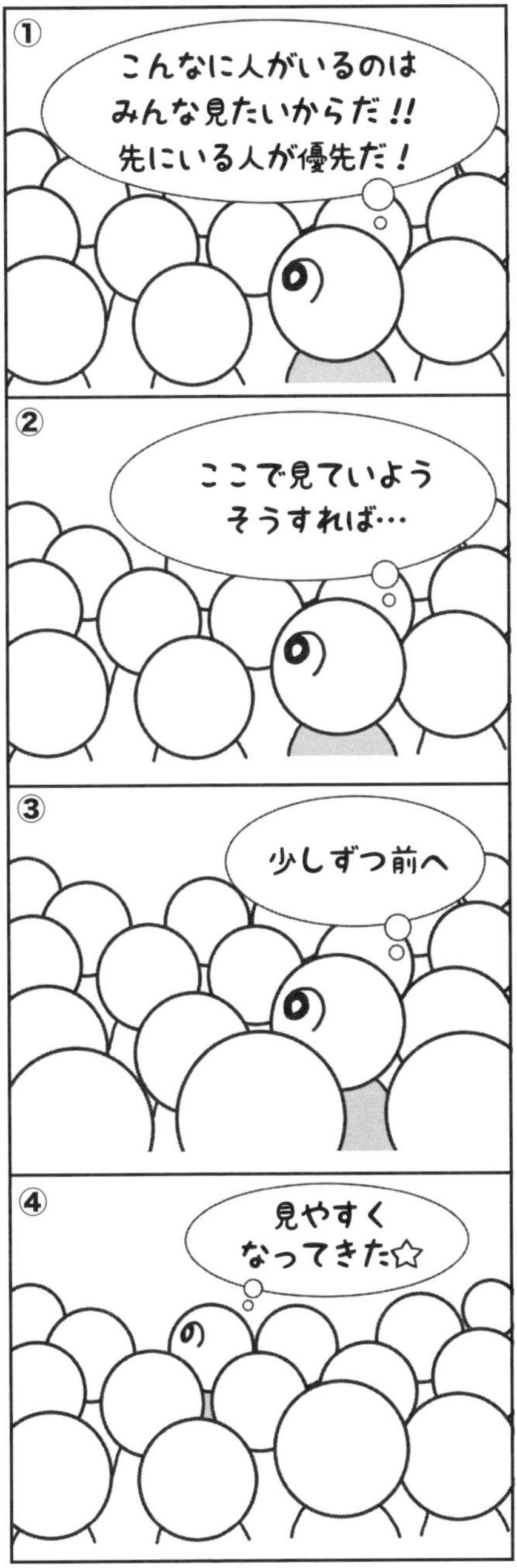
①
こんなに人がいるのは
みんな見たいからだ!!
先にいる人が優先だ！
②
ここで見ていよう
そうすれば…
③
少しずつ前へ
④
見やすく
なってきた☆

「あぶない」がわからない

①
あぶない！
②
あぶない！
③
あぶない
どこ見て
歩いとんじゃ!
コラッ
④
あぶないってなに?
おせーて

こんなとき
ど〜する?

47

あぶないってなに?

外《そと》で「あぶない」って言《い》われることがあるけど、どういうこと?

そうか!

47 こう考《かんが》えてみよう!

「あぶない」とは……

できてる

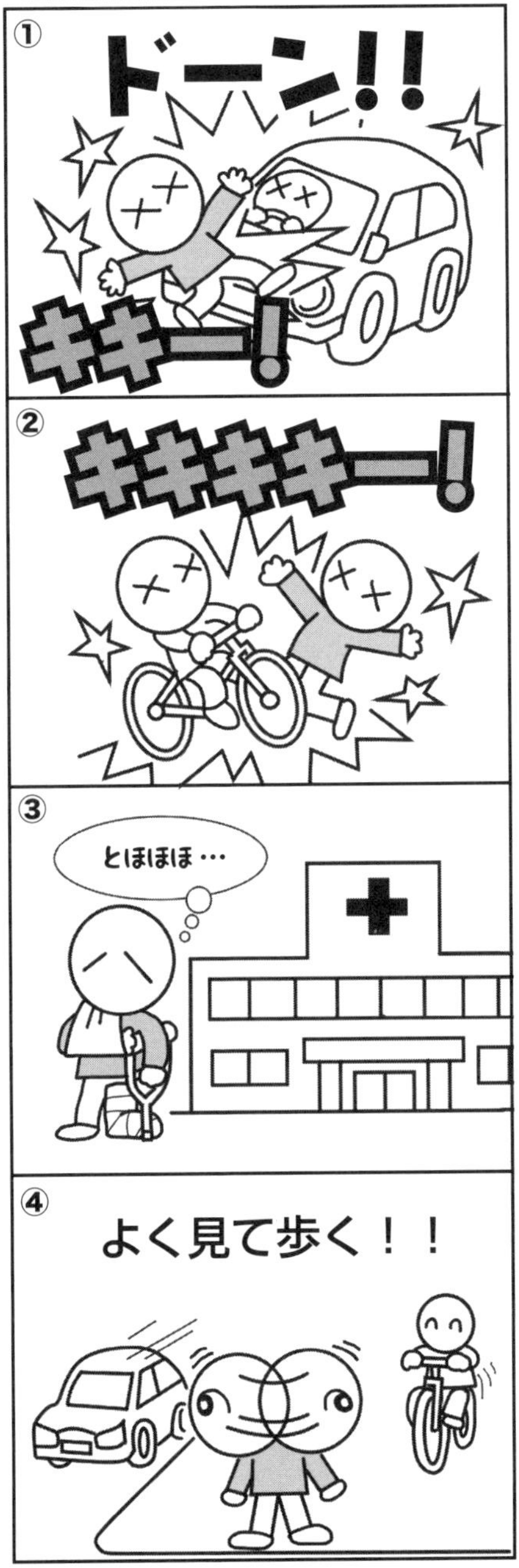

①
ドーン!!
キキー!
②
キキキキー!
③
とほほほ…
④
よく見て歩く!!

「あぶない」と言《い》われたのは、自動車《じどうしゃ》や自転車《じてんしゃ》、人《ひと》などとぶつかるかもしれないからです。周《まわ》りをよく見《み》ずに走《はし》ったり、飛《と》びはねたりするとぶつかるかもしれません。ぶつかってしまうと大《おお》けがをすることや、死《し》んでしまうこともあります。「あぶない」という言葉《ことば》は、けがをしないための警告《けいこく》です。外《そと》では周囲《しゅうい》をよく見《み》て歩《ある》くようにします。とくに交差点《こうさてん》や信号機《しんごうき》のあるところでは、信号《しんごう》を守《まも》り車《くるま》とぶつからないように注意《ちゅうい》します。

自転車にルールなんてあるの？

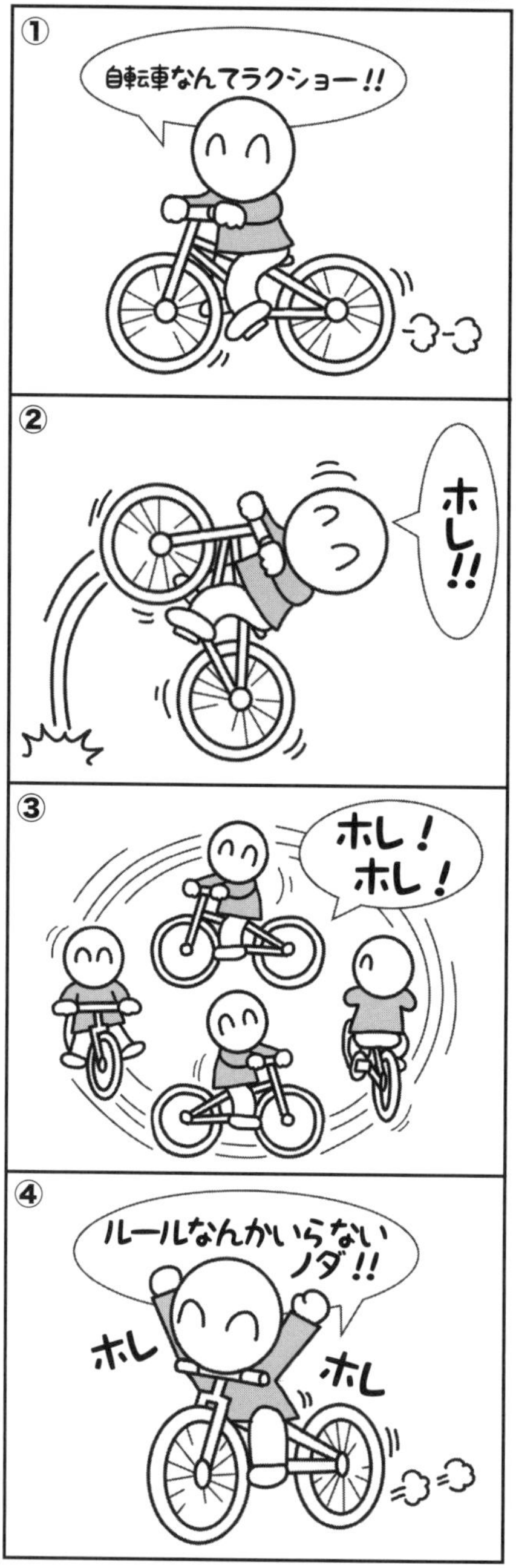
①
自転車なんてラクショー!!
②
ホレ!!
③
ホレ！
ホレ！
④
ルールなんかいらないノダ!!
ホレ
ホレ

こんなとき ど〜する？

48

自転車《じてんしゃ》のルールってなに？

自《じ》転《てん》車《しゃ》なんか乗《の》れるし、免《めん》許《きょ》もいらないんだから、いちいちルールなんているの？

そうか！

48

こう考《かんが》えてみよう！

自転車《じてんしゃ》にもルールがあります。歩《ある》いている人《ひと》と自転車《じてんしゃ》がぶつかって死《し》んだり、けがをしたりする事故《じこ》がふえています。スピードを出《だ》しすぎない、友《とも》だちといっしょのときは一列《いちれつ》で走《はし》る、商店街《しょうてんがい》など、乗《の》ってはいけない場所《ばしょ》では押《お》して歩《ある》く、スマートフォンを見《み》ながら乗《の》ってもいけません。もちろんお酒《さけ》を飲《の》んで乗《の》ったら飲酒運転《いんしゅうんてん》です。交差点《こうさてん》では、人《ひと》や車《くるま》が飛《と》び出《だ》す可能性《かのうせい》があるのでゆっくり走《はし》ります。ルールを守《まも》って自転車《じてんしゃ》に乗《の》ると便利《べんり》で快適《かいてき》です。

自転車のルール

できてる

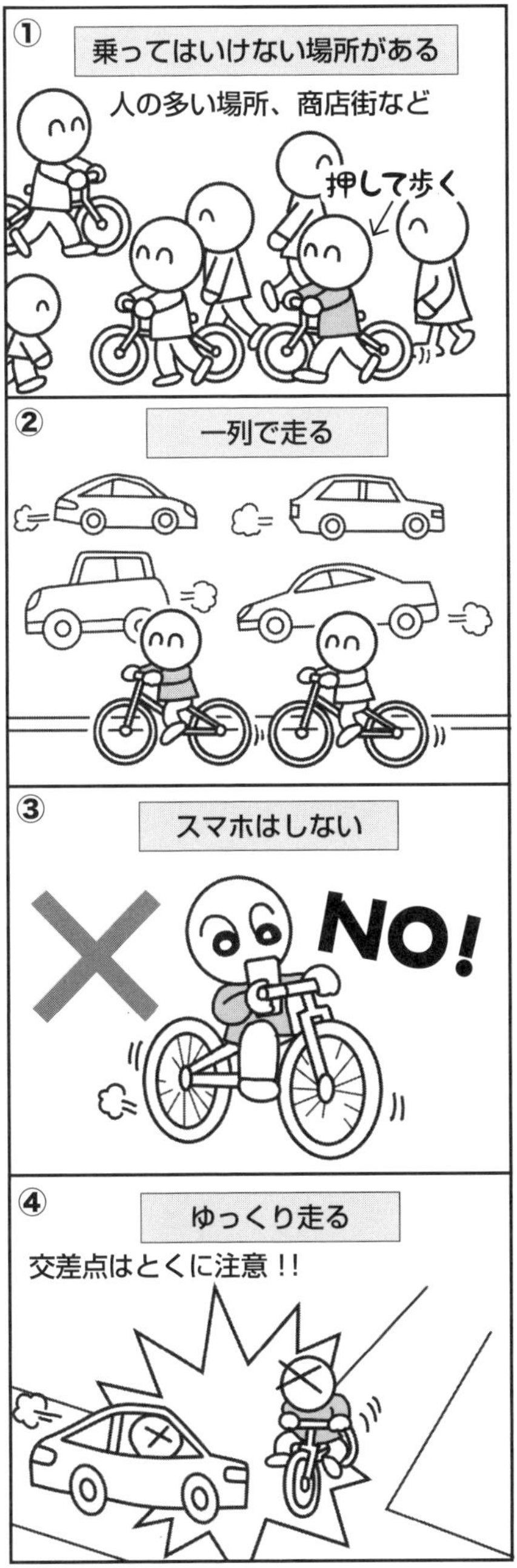

こんなとき ど〜する？

49

一人《ひとり》で自由《じゆう》に出《で》かけたい！

映画《えいが》や買《か》い物《もの》、旅行《りょこう》など行《い》きたいところに一人《ひとり》で行《い》きたい。いちいち親《おや》に言《い》う必要《ひつよう》はないだろう！「どこに行《い》くの？ いつごろ帰《かえ》るの？」ってうるさいんだ！

いちいち、うるさい！

①
どこ行くの？
②
うるさいなあ…
③
いつ帰るの？
④
いちいち
うるさい!!

できてる

出かけるとき

映画を観てきます。夕方までに帰ります
ハーイ
安心して観られるなぁ
安心 安心…
いらっしゃーい！
ただいま〜！
おかえりなさい！
よかった

そうか！

49

こう考《かんが》えてみよう！

家族《かぞく》に心配《しんぱい》をかけずに、一人《ひとり》で映画《えいが》を観《み》たり買《か》い物《もの》ができたりするのはすばらしいことです。どこに行《い》くのか、いつごろ帰《かえ》る予定《よてい》なのか知《し》らせておくと家族《かぞく》は安心《あんしん》しますし、しかられなくてすみます。はたらいてお金《かね》をもらえる大人《おとな》になると、親《おや》に言《い》わなくても心配《しんぱい》はしないでしょう。一人《ひとり》で行《い》ける範囲《はんい》もひろがります。

ほしい、でもお金がない！

①
あれもほしい
DS
これもほしい
DVD
②
お金がない！！
サイフ
ガーン
③
これじゃあなにも買えない！！
10円
1円
1円
④
DS
でもほしい！
ほしい！
ほしい！
ほしい！
ほしい！
ほしい！
ほしい！
DVD

こんなときど〜する？

50

ほしいものがあるけど、お金《かね》がない

ものすごくほしいものがあるけど、買《か》えるだけのお金《かね》がない。どうすればいい？

そうか！

50 こう考《かんが》えてみよう！

ゲームソフトやＤＶＤなどの高価《こうか》なものから、ジュースやお菓子《かし》まで、ほしいものはたくさんあります。そんなときはほしいものの優先順位《ゆうせんじゅんい》を決《き》めて親《おや》に相談《そうだん》します。すぐには買《か》ってもらえないばあいが多《おお》く、「おこづかいをためて買《か》ったら？」「お年玉《としだま》で買《か》ったら？」などと言《い》われます。金額《きんがく》によっては、かなりの期間《きかん》ためなければならないかもしれませんが、がまんして目的《もくてき》を達成《たっせい》すると自分《じぶん》に自信《じしん》がもてます。

お金をためること

できてる

①
ほしいものがあったら
DS
DVD
②
目標を決めて
これ！
③
お金をためる
がまん!!
1000
④
やったー!!
自信がもてます！！

あとがき

自閉症の人は、空気が読めなかったり、想像するのがむずかしかったりします。自己肯定感をなるべく下げないということを基本に、「なんだ、この人？」と思われそうな場面でどうすればいいのか、ふるまい方を伝えようとしたのが本書です。

家庭や学校、社会のなかで、そのような場面はたくさんあります。その一つひとつをすべて伝えることは不可能ですが、私が知っているよくある場面を選びました。

親や先生など、周囲にいる者からすれば「××してはいけません！」と言いたくなりますが、その伝え方ではなかなか伝わりません。本人に悪気はなく、わざとトラブルをおこしたり、ルールを破ろうとしているのではないからです。

否定的に言われると、できない自分、ダメな自分、失敗ばかりする自分、しかられるばかりの自分……という思いがつのっていきます。そんな毎日をおくるのはとてもつらいことです。

「教える」という行為は、間接的に「そのままのあなたではいけない」ということを伝える側面があることを肝に銘じ、なるべく「こうしなさい」という表現は避けるよう心がけました。自信をもって生きていってもらいたい、「だいじょうぶだよ」と伝えたいのです。マンガの力でやわらかく伝えようとしましたが、本人にはきつく感じられる部分があるかもしれません。どうか周りのみなさんがフォローしてあげてください。

社会は自分一人ではなく、大勢の人で成り立っています。だからルールがあります。それは行動をしばるものではなく、社会のなかで生きやすくするもの、行動しやすくするものです。ルールが守れないのは、理解できない、わかるけどブレーキが効かない、ちがう解釈の仕方をするなどさまざまです。まずは、守れているところ、できているところに注目し、自分に自信をもってほしいと思います。そして、少しずつ感情や行動をコントロールできる幅をひろげていってもらいたいと思います。

本書がさまざまな場面で活用され、本人の不利益が少しでも軽減されることを祈っております。

最後になりましたが、構成からマンガの墨入れまでお世話になった合同出版の坂上美樹氏、金詩英氏に心より感謝申し上げます。

２０１６年　４月　成沢真介

著者紹介

成沢真介（なりさわ・しんすけ）

1962 年生まれ。特別支援学校教諭。中央大学文学部卒業。兵庫教育大学大学院学校教育研究科修士課程修了。中学校の普通学級や特別支援学級の担任を経て現職。地域の教育巡回相談などにより文部科学大臣優秀教員表彰、日本支援教育実践学会研究奨励賞、兵庫教育大学奨励賞を受賞。
主な著書
『「特殊」学級ってなんだろう？』（ぶどう社、2001 年）
『自閉症児さとしの一日——物語から学ぶ発達障害』（大月書店、2008 年）
『虹の生徒たち——自閉症・発達障害がある子どもたちを育てる特別支援学校とは？』（講談社、2010 年）
『発達障がい　こんなとき、こんな対応を』（高文研、2011 年）
『自閉症・ADHD の友だち』（文研出版、2011 年）

装幀・本文デザイン　椎原由美子（シー・オーツーデザイン）
組版　Shima.

マンガ版自閉症「日常生活」おたすけじてん
——すぐわかる　こんなときどーする？

2016 年 5 月 20 日　第 1 刷発行

著　　者　成沢真介
発 行 者　上野良治
発 行 所　合同出版株式会社
東京都千代田区神田神保町 1-44
郵便番号 101-0051
電話 03（3294）3506 ／ FAX 03（3294）3509
振替 00180-9-65422
ホームページ http://www.godo-shuppan.co.jp/
印刷・製本　株式会社シナノ

■刊行図書リストを無料進呈いたします。
■落丁・乱丁の際はお取り換えいたします。

ISBN978-4-7726-1283-8　NDC378　210 × 148